ファミリービジネス
MBA講座

明治大学ビジネススクール 編

同文舘出版

執筆者紹介（執筆順）※肩書は 2019 年 7 月 1 日初版発行時点
明治大学ビジネススクール（専門職大学院グローバル・ビジネス研究科）所属

第Ⅰ部　概論編

　藤岡　資正（専任准教授）　　　　　第 1 章

　村木　信爾（兼任講師，元特任教授）　第 2 章

　廣木　準一（特任教授）　　　　　　第 3 章

　王　　京穂（専任教授）　　　　　　第 4 章

第Ⅱ部　事例編

　戸谷　圭子（専任教授）　　　　　　第 5 章

　山村　能郎（専任教授）　　　　　　第 6 章

　木村　哲　（専任教授）　　　　　　第 7 章

　橋本　雅隆（専任教授）　　　　　　第 8 章

　首藤　明敏（専任教授，本書編集責任者）第 9 章

　落合　稔　（名誉教授，元専任教授）　第 10 章*

　安達　幸裕（兼任講師）　　　　　　第 11 章

　山口不二夫（専任教授）　　　　　　第 12 章

*〈第 10 章共同執筆者〉

　吉岡高広（株式会社ビズアップ総研　代表取締役）

まえがき

　戦後の日本経済の成長を支えた要因の1つは，日本のファミリービジネスの層の厚さであるといっても過言ではありません。そして今，人口減少と市場の成熟化の中で，ファミリービジネスの経営は，大きな岐路に立たされています。次世代型のファミリービジネスのあるべき姿とは何か，何を継承し，何を変革するべきなのか？。本書では，これからのファミリービジネスの持続的な経営の在り方について，ファミリービジネスに関する様々な研究成果や実際の経営事例の分析を通じて，考察を進めます。

　現在，日本の会社数382万社のうち，およそ96％がファミリービジネスと言われています。ファミリービジネスは，通常「オーナー企業」「同族会社」などという呼称で呼ばれます。オーナー企業，同族会社というと，中小・零細企業を想像する場合が多いと思いますが，実際には，大企業にも様々な形のファミリービジネスが存在しています。このように，ファミリービジネスは日本にとって，経済的にも，社会的にも，重要な存在なのです。

　しかし，現実にはファミリービジネスの企業数は年々減少しています。その主な原因は，後継者の不在です。戦後70年が過ぎ，多くの経営者が高齢化しており，まだ後継者を決めていないか，あるいは見つからないという切迫した事態に追い込まれています。そうした中，廃業も1つの選択肢と考えている経営者も多いのです。創業者一族の中から後継者が生まれることが望ましいのですが，少子化が進む中，人材が見当たらない場合もよくあります。その場合は，番頭に経営を任せたり社内の優れた役員や社員を登用したり，外部から優秀な経営者を招聘する等，次世代の後継者を育成することは，ファミリービジネスにとって喫緊の課題となっています。

　一方，親は子どもを後継者として育てたいと思っているけれど，子どもは必ずしもそうは思っていないというのが現実です。その最大の理由は，子どもか

(2)

ら見て親の事業に魅力がないからです。こうした状況を脱するためには，経営の革新，変化，イノベーションが必要であり，これを実現させることで，事業承継問題に1つの道が開けていきます。

ヨーロッパやアメリカをはじめ海外にもファミリービジネスは数多く存在します。諸外国と比べると日本のファミリービジネスは，伝統と長寿性に強い特色があります。創業100年を超える長寿企業は，日本に数万社あると言われています。創業200年を超える会社も約4,000社程度あり，会社数では日本がおよそ世界の40％を占めると言われます。ファミリービジネス企業の数，その経済的規模を見ると，日本は世界に冠たる「ファミリービジネス立国」と言っていいのではないでしょうか。

そして，長期に渡り伝承されてきたものの中に，日本のファミリービジネスの強みの源泉を見出すことができます。それは，技術，サービス，のれん，経営理念，組織文化，終身雇用などの人事制度，その他の無形資産等です。このような伝承価値を継続し，非常に長いスパンで企業経営の強みを達成しているのが，日本のファミリービジネスの特徴なのです。

そしてもう1つの特徴は，社会との共存，社会価値を重視する姿勢が強いことです。つまり会社組織でありながら，短期的な利益を追求するよりも，長期的生存，永続性を大切にしている点です。私利私欲ではなく，社会の発展とともに共に歩むという，地域社会との調和を重視する姿勢を持っているところが多いのです。

現在，社会や経済のサスティナビリティ，国連が提唱するSDGsへの対応，CSVやESG等が，企業経営において考慮しなければならない要素として注目されています。しかし考えてみれば，近江商人の「三方よし」，渋沢栄一の「論語と算盤」に見られるように，かねてから，日本にはこうした思想や文化がありました。企業価値だけでなく，社会的価値も併せて重視するという日本のファミリービジネスが大切にしてきた思想は，日本文化のなかに根ざしてきたものといえるでしょう。そう考えれば，これからの社会における企業経営を考える上で，ファミリービジネス経営は，日本の全ての経営者が学ぶべきテーマであると言っても過言ではありません。

我々明治大学ビジネススクールは，これからの日本社会の持続性を実現する上で，ファミリービジネスの後継者や経営者の育成，さらに経営革新やイノベーションに貢献できるビジネスパーソンの育成が，経営教育機関の極めて重要な使命であると認識しています。そして，数年前からファミリービジネスというテーマで授業を行ない，ファミリービジネスの経営者を育成することを戦略的目標と位置づけてきました。

　本書は，概論編と事例編で構成されています。概論編では，ファミリービジネス経営で押さえなければならない基本要素を様々な角度から考察しました。一方，事例編では，実際のファミリービジネス経営の現場取材に基づき，実務的な示唆を多様な業種，環境にある企業の分析から導き出しています。執筆にあたっては，明治大学ビジネススクールの講師陣の知を結集し，ファミリービジネス経営に真正面から取り組んだ内容となっています。また，ファミリービジネスの次世代経営者が手に取って，読みやすく，刺激を受ける内容を意識しました。さらには，様々な企業の経営に取り組む方々や研究者にも示唆を提供できればと考えています。

　最後になりますが，同文舘出版株式会社取締役編集局長の市川良之氏には，読者と編集者の眼から編集上のアドバイスを含め様々な助言をいただきました。ここに改めて，感謝の意を表します。

　2019 年 5 月

　　　　　　　　　　　　　　　　　　　　　　　　　著者一同

目　　次

まえがき………………………………………………………………………… (1)

第Ⅰ部　概　論　編

第1章　ファミリービジネス経営の現状と課題　　3

1. はじめに …………………………………………………………………… 4
2. ファミリービジネスについて ………………………………………… 5
　(1) ファミリービジネスの定義　　5
　(2) ファミリービジネスの強みと弱み　　7
　(3) わが国のファミリービジネスの現状と課題　　9
3. ファミリービジネスの理論的フレームワーク ……………………… 13
　(1) スリー・サークル・モデルとスリー・ディメンジョン・モデル　　13
　(2) パラレル・プランニング・プロセス・モデル　　16
　(3) 4C モデル　　18
4. む　す　び ………………………………………………………………… 20
　　―ファミリービジネスの存在意義とは―

第2章　ファミリービジネスにおける不動産活用　　24

1. ファミリービジネスの事業承継に向けた CRE 戦略 ………………… 25
2. 事業承継における課題と保有不動産の活用 ………………………… 26
　(1) 事業承継の課題：対策以前　　26
　(2) 事業承継・相続対策　　28
3. 貸家経営一般の課題 …………………………………………………… 29
　(1) 貸家による節税メリット　　30

(6)

　　(2)　貸家経営における一般的留意点　　30

4．老朽化した貸家の課題 ……………………………………………………… 34
　　(1)　問題の所在　　34
　　(2)　建替え等の時期判断の困難さ　　35

5．借地権，底地，使用貸借の課題 …………………………………… 36
　　(1)　借地権付建物，底地　　36
　　(2)　借地権，底地の解消方法　　36
　　(3)　使用貸借　　37

6．共有不動産の課題 ……………………………………………………………… 38
　　(1)　共有になるきっかけ　　38
　　(2)　共有不動産の民法上の扱い　　38
　　(3)　共有不動産の問題点　　39
　　(4)　共有にならないための対策およびトラブルの回避策　　40
　　(5)　共有解消のための具体的対策　　40

7．その他，空家問題等 …………………………………………………………… 41

第3章　ファミリービジネスと事業承継関連税制　43

1．一般措置としての事業承継税制について ………………………… 44
　　(1)　非上場株式等についての相続税の納税猶予および免除　　44
　　(2)　非上場株式等についての贈与税の納税猶予および免除　　50

2．新事業承継税制について …………………………………………………… 53
　　(1)　納税猶予対象株式等の制限の撤廃　　54
　　(2)　後継者の要件の拡大　　54
　　(3)　代表者以外からの承継への拡大　　54
　　(4)　雇用確保要件の弾力化　　54
　　(5)　経営環境の変化に対応した減免措置　　55

3．小規模宅地等についての相続税の課税価格の計算の特例 ………… 56
　　(1)　制度の趣旨　　56
　　(2)　特例対象者　　56
　　(3)　特例対象宅地等の要件　　56
　　(4)　特例対象宅地等の範囲　　57
　　(5)　特例対象宅地等の限度面積要件及び課税価格に算入する割合　　57

4．個人事業者の事業用資産に係る相続税等の納税猶予及び免除制度の創設 … 58

目　次　(7)

　(1)　個人事業者の事業用資産に係る相続税の納税猶予及び免除制度の創設
　　　58
　(2)　個人事業者の事業用資産に係る贈与税の納税猶予及び免除制度の創設
　　　59

5.　民法の特例や会社法等の利用による事業承継　………………… 60
　(1)　経営承継円滑化法（中小企業における経営の承継の円滑化に関する法律）の活用（民法の特例）　60
　(2)　会社や後継者による他の株主（相続人）からの株式の買取り　61
　(3)　会社法による種類株式の活用　61

第4章　ファミリービジネスにおける資本増強の視点　64

1.　はじめに　……………………………………………………………… 65
2.　支配権とエージェンシーコスト　…………………………………… 66
　(1)　経営支配権　66
　(2)　エージェンシーコスト　68
3.　資本収益と社会情緒資産　…………………………………………… 69
　(1)　資本の収益　69
　(2)　ファミリーの実質収益　70
4.　種類株式と権利対価の分解　………………………………………… 71
　(1)　種類株式　71
　(2)　対価の分解　72
5.　経営資源転換と新株予約権　………………………………………… 74
　(1)　経営資源　74
　(2)　新株予約権と経営資源転換　75
6.　むすび　………………………………………………………………… 77

第Ⅱ部　事例編

第5章　ビジネスエコシステムを実現したカリスマ経営者とその承継《伊那食品工業》　83

1．はじめに　85
(1) 設立経緯　85
(2) 寒天と寒天製品製造　85
(3) 事業概要　86

2．カリスマ経営者：塚越寛と年輪経営　89
(1) 塚越寛と経営理念（年輪経営）　89
(2) 事業の立て直しと成長　90

3．サプライヤー・顧客との関係とビジネスエコシステム　91
(1) サプライヤーとの関係　91
(2) B to B ビジネス　92
(3) B to C ビジネス（かんてんぱぱ事業）　93

4．社員との関係　94
(1) 社是を実現するのは社員　94
(2) 突出した人はいらない　95

5．地域社会との関係　97
(1) 伊那谷のために　97
(2) CSR とエコシステム　99

第6章　事業の多角化と地域貢献《山口油屋福太郎》　102

1．はじめに　104

2．環境適応と事業の多角化　105
(1) 創業と油の製造・販売　105
(2) 総合卸売業への転換　105
(3) 食品製造業への進出：辛子明太子事業への参入　106
(4) 新規商品の開発：「めんべい」の誕生　108
(5) 消費者との接点：飲食事業・温浴施設への参入　109

目　次　(9)

3．事業の多角化 ……………………………………………………… 110
　(1)　危機への対応と事業の多角化　110
　(2)　山口油屋福太郎の生業　111
　(3)　製造業としてのリスク管理と独自技術　112
　(4)　時代を先取りする　113
　(5)　ファミリービジネスにおける多角化　113

4．地域貢献 …………………………………………………………… 114
　(1)　九州から北海道へ　115
　(2)　過疎地域における地域振興：福岡県添田工場建設　117
　(3)　クラブと若年層の雇用：チーム「福太郎めんべい」　118

5．今後の事業展開と課題 …………………………………………… 119

第7章　2代目婿養子のイノベーション経営と経営哲学
《日新製薬》
122

1．はじめに ………………………………………………………… 124
2．日新製薬の創設と創業者である大石季氏の事業展開 …………… 126
3．2代目社長大石俊樹氏実家の家風と結婚 ……………………… 127
4．事業イノベーションへの挑戦 ………………………………… 130
　(1)　ジェネリック医薬品業界事業とビジネスモデル　130
　(2)　当時の日新製薬の課題　131
　(3)　「ニチベリゾン」製造の決断　131
　(4)　受託事業と自社製品の両輪　132
　(5)　医薬品製造基準において厳密なアメリカ基準を採用し実現　132
　(6)　川俣常務に自社開発オリジナル製品製造路線を指示　133
　(7)　発展のための人材確保戦略　134

5．日新製薬の経営哲学と企業発展 ………………………………… 135
　(1)　世界のジェネリック医薬品ビジネスモデルの高度化　135
　(2)　大石俊樹社長の経営理念「なくては困る会社にする」　136

6．資金調達の考え方について ……………………………………… 137
　(1)　俊樹氏の金融機関への折衝方法　137
　(2)　「売上高まで無担保融資」の理論的解説と資本政策　138

7．今後の課題 ……………………………………………………… 140
　(1)　後継者と事業承継対策　140
　(2)　今後の成長戦略と課題　140

(10)

第8章 危機をチャンスに変える力 《若鶴酒造》 143

1. 若鶴酒造の発展経緯 …… 145
- (1) 創業時の優位性の確立　145
- (2) 地元の地域資源の活用と域外市場への拡販戦略　146
- (3) 酒造米の統制と商品多角化への挑戦　147
- (4) ファミリーによる事業承継　148

2. コカ・コーラボトリング事業の展開 …… 149
- (1) 北陸コカ・コーラボトリング株式会社の立ち上げ　149
- (2) 長野コカ・コーラボトリングの取得と合併　151
- (3) 経営のさらなる近代化と革新　153
- (4) 経営組織の強化と近代化　155
- (5) 新たな事業展開とアントレプレナーシップの継承　157

3. 本事例から学ぶファミリービジネス経営への示唆 …… 157

第9章 事業イノベーションの継承と進化 《マツ六》 162

1. はじめに …… 164
2. 創業以降の事業展開と受け継がれた経営思想 …… 164
3. 事業イノベーションへの挑戦 …… 165
- (1) 金物問屋のビジネスモデルの課題　165
- (2) 「リフォーム」「高齢化」市場のニーズ　166
- (3) 「ファーストリフォーム」事業の創出　167
- (4) 新たなコミュニケーション活動の展開　170
- (5) マツ六の事業イノベーションの特徴　172

4. 事業承継と組織変革 …… 173
- (1) 事業承継までの過程　173
- (2) 事業承継における課題の克服　174

5. 今後の経営課題と対応 …… 175
- (1) 創業時の経営理念のメンテナンス　175
- (2) 次代の事業承継への体制構築　176
- (3) 今後の成長戦略の確立　177

目　次　(11)

第10章　後継者教育と経営革新
《ビズアップ総研》 ……………………… 179

1. はじめに ……………………………………………………… 181
2. 会計業界と吉岡マネジメントグループ ……………………… 181
   (1) 会計業界　181
   (2) 吉岡マネジメントグループ　182
3. 少年時代の教育 ……………………………………………… 183
   (1) ファミリービジネスの宿命　183
   (2) 父親から受けた少年期の金言　184
   (3) 生徒会活動による原体験　186
   (4) 修行時代に学んだサービスの原点　186
4. 挑戦と自立への道 …………………………………………… 188
   (1) 赤字会社を舞台にした「適性試験」　188
   (2) ビジネスモデルの変革と新サービスの開発　190
   (3) 画期的な他業種への躍進　194
5. むすび ………………………………………………………… 196

第11章　創業者精神の承継と変革
《東京計装》 ………………………………… 200

1. はじめに ……………………………………………………… 202
2. 初代創業者精神の体現と事業展開 ………………………… 203
   (1) 創業者の市場を見出す目　203
   (2) 創業以降の成長過程　204
   (3) 業界と社会への貢献　206
3. 2代目の経営承継と事業展開 ……………………………… 207
   ―創業者精神の承継と事業拡大―
4. 3代目の経営承継と事業展開 ……………………………… 208
   ―創業者精神の承継と変革―
   (1) 3代目経営者マインドの背景　208
   (2) 創業者精神承継の要請要因　209
   (3) 供給責任と創業者精神の承継　210
   (4) カリスマワンマン経営からチーム経営へ　212
5. 今後の経営課題と対応 ……………………………………… 213

(12)

 ⑴ さらなる成長と経営者活動の展開 213

 ⑵ 創業者精神の承継と変革 215

第12章 ファミリーオフィスとファミリー企業の倫理
  《三井越後屋呉服店》 218

1. 三井高利のビジネスモデル 220

 ⑴ 三井家の起源 220

 ⑵ 三井越後屋のビジネスモデル 221

2. 高利の宗寿居士古遺言 1694 年と 2 代目高平の 1722 年の宗竺遺書 223

 ⑴ 三井高利の遺書：宗寿居士古遺言 223

 ⑵ 宗竺遺書 224

3. む す び 231
 ―三井大元方というファミリーオフィスの現代的意義―

第Ⅰ部

概　論　編

　概論編では，ファミリービジネス経営で押さえなければならない基本要素を様々な角度から考察する。まず，ファミリービジネスの定義を明確にした上で，わが国のファミリービジネスの現状と課題を論じる。さらに，ファミリービジネスを経営的に把握するための理論的側面を検討した上で，ファミリービジネスの存在意義について触れる。次に重要なリソースの1つとして，ファミリービジネスにおける不動産活用について論じる。さらに，ファミリービジネスの継続性を左右する事業承継関係税制に関する様々な論点を取り上げる。最後に，資本増強の視点からファミリービジネス経営におけるファイナンスの課題を指摘する。

第1章

ファミリービジネス経営の現状と課題

━ 本章のねらい ━

　本章では,「ファミリービジネスとは,どのようなものを指し,何が論点となっているのか?」を問いながら,ファミリービジネスに関する基本的な理解を深めていく。はじめに,国内外の代表的なファミリービジネスの定義を整理することで,ファミリービジネスを一様に定義することの難しさを理解する。続いて,わが国におけるファミリービジネスの現状と課題について取り上げ,経営者の高齢化や後継者不足といった「事業承継」と後継者の育成など「経営継承」が大きな問題となっていることを指摘する。そして,ファミリービジネスという事業形態が非ファミリービジネスと具体的に何が異なるのかを示し,ファミリービジネスの強みや弱みは,環境変化のみならず,ファミリーや事業の成長・発展の段階などによって,プラスにもマイナスにも作用することを理解する。そのうえで,ファミリービジネスの代表的なフレームワークを紹介しながら,ファミリー,オーナーシップ,ビジネスというファミリービジネスに特有な構造について学び,こうした複雑な関係性をバランスさせながら,絶えず環境適応への革新を図るなかで「変えていくべきもの」と「変えてはならないもの」を峻別していくことの重要性を指摘する。最後に,ファミリービジネスの存在意義について考察する。

キーワード

ファミリービジネスの特質と課題,永続性,事業承継,ファミリービジネスの強みと弱み,ファミリー・オーナーシップ・ビジネスの関係,ファミリービジネスの存在意義

1. はじめに

　一般的に，ファミリービジネスとは，株式の公開の有無や企業規模の大小にかかわらず，創業者やその一族が企業経営に参画しており，経営に一定の影響力を及ぼす企業を指している。このようにファミリービジネスを広義にとらえると，日本の全企業のうち約 95％，雇用の 70％ 以上をファミリービジネスが占めている。また，日本には，創業 100 年を超える老舗企業が 2 万 5000 社以上存在し（帝国データバンク〔2014〕），その 7 割から 8 割が広義のファミリービジネスである。そのため，日本はファミリービジネス大国とも呼ばれている（後藤〔2009〕，横澤〔2012〕）[1]。こうした老舗企業の大部分は，比較的規模の小さな企業であるが，上場企業や非上場の大企業のなかでも約 3 〜 4 割がファミリービジネスであるとされ，ファミリービジネスが日本の経済社会に占める役割は非常に大きなものである。

　しかし，日本において，「同族経営」や「家族経営」といった場合には，創業者やその一族が経営を支配する同族支配が連想され，親子間の争いごとや不祥事など，どちらかといえばファミリービジネスの問題性が取り上げられてきた。一方で，欧米では，ファミリービジネスに対する評価は総じて肯定的であり，多くの経済紙などで「最も賞賛される企業」（World's most admired company）として上位にファミリービジネスが取り上げられている。また，欧米では，早い時期からファミリービジネスの社会的・経済的役割の重要性が認識され，ファミリービジネスに特化した国際ジャーナルの創設や主要ビジネススクールにおける付属研究センターの設置など，独自の研究・教育領域として体系化されてきた（倉科〔2008〕）。

　ようやく近年になり，日本においても，伝統あるファミリービジネスの社会的・経済的な役割を再評価する動きが高まりつつある。特に，ファミリービジネスの永続性，財務的業績の優位性，不況下での雇用維持，長期的視点からの経営，地域密着性など，ファミリービジネスの非ファミリービジネスに対する

優位性に注目が集まっている（浅羽〔2015〕，後藤〔2009〕，横澤〔2012〕）。

2. ファミリービジネスについて

（1） ファミリービジネスの定義

　一般的に，ファミリービジネスという用語は，非常に幅の広い意味で用いられている。研究者間においても，各々独自の定義づけが行われており，ファミリービジネスの議論が盛んになった今日でも，いまだに統一的な定義は存在しているとはいえない（Miller *et al.*〔2007〕p.831）。そこで，以下では，ファミリービジネスに関する代表的な定義を整理していく。

　ストックホルム商科大学（Stockholm School of Economics）の定義では，「3名以上のファミリーメンバーが経営に関与している」，「2世代以上にわたりファミリーが支配している」，「現在のファミリーオーナーが次世代のファミリーに経営権を譲渡するつもりでいる」という3つのうち，少なくとも1つ以上が当てはまる会社をファミリービジネスと定義している（Kenyon-Rouvinez and Ward〔2005〕）。ボッコーニ大学の定義では，「取締役会の過半数をファミリーが占める」，「株式の過半数をファミリーが所有する」のうちいずれか1つが当てはまる企業をファミリービジネスとしている（Kenyon-Rouvinez and Ward〔2005〕）。また，タイのファミリー企業を研究した末廣〔2006〕は，ファミリービジネスを次の2つの類型からなるものと定義している。1つは，「特定の家族・同族が事業の所有と経営の双方を排他的に支配し，それらが生み出す果実を家族・同族成員の内部に留めようとする企業組織」，もう1つは「複数の家族が，同郷，同業，同窓（学校）などの人的つながりを契機に共同で出資し，その果実を出資額に応じて配分するパートナーシップ型の企業組織」である（12-13頁）。Shanker and Astrachan〔1996〕は，ファミリーの関与の程度によって広義，広義と狭義の中間，狭義というように3分類することでファ

6　第Ⅰ部　概　論　編

図表1-1　ファミリービジネスの定義

Broad	Middle	Narrow
・戦略的方向性に関する効果的なコントロール ・ファミリーで経営を維持することを意図している	・創設者またはその子息が会社を経営 ・議決権の法的コントロール	・複数世代 ・直接的にファミリーが経営や所有に関与 ・1人以上のファミリーメンバーが重大な経営責任を負っている
ファミリーの関与が小さい	ファミリーの関与が多少ある	ファミリーの関与が大きい

（出所）　Shanker and Astrachan〔1996〕p.109 をもとに作成

ミリービジネスを捉えようとしている（図表1-1）。

　このように，ファミリービジネスの定義は必ずしも一様に確立したものはなく，Miller らが行ったファミリービジネスの実証研究で用いられる定義に関するレビューによれば，実に28 もの異なった定義が用いられている（Miller *et al.*〔2007〕pp.834-835）。こうした研究者間での定義の違いは，ファミリービジネスという研究領域自体が新しいということに加えて，「所有」と「経営」の基準が国ごとに異なるという問題とも関係しており，ファミリービジネスのいかなる側面に焦点を合わせるのか，創業者企業を含めるか否か，などにおいて見解が分かれている。このように，ファミリービジネスのおかれている国や定義次第で，ファミリービジネスの内容も大きく異なるため，過去の研究や調査報告書を比較・参照する際には，各々がどのようにファミリービジネスを定義づけしているのかを理解しておかなくてはならない。

　では，日本ではファミリービジネスはどのように定義づけがなされているのであろうか。一般的には，ファミリービジネスは，創業者やその一族が経営に関与しており，ファミリーによって一定の影響下にある企業を指す（倉科〔2003〕，後藤〔2012〕，田村〔2016〕，ファミリービジネス学会〔2016〕)[2]。ファミリービジネス学会〔2016〕では，ファミリービジネスには一様の確立した定義がないことを指摘したうえで，倉科〔2003〕の定義に倣い，以下の3つの条件を1つでも満たす企業をファミリービジネスとして定義している。①事業継続者としてファミリー一族の名前が取りざたされている，②必ずしも資産形成

を目的としているのではなく，ファミリーの義務として株式を保有している，③ファミリーが重要な経営トップの位置に就任している。

また，入山・山野井〔2014〕は，同族企業は一般に「創業者・あるいはその一族が経営に関与する企業」（26頁）と定義されるとしたうえで，経営への関与の仕方には，「同族所有（family ownership）」と「同族経営（family management）」という2種類があるという。同族所有は，創業家が企業の株式を一定比率以上保有し，主要株主として間接的に経営に関与することである。同族経営は，創業家のメンバーが当該企業の社長・役員になることで，経営に直接関与することである。日本企業の場合は相続税などが厳しいため，世代交代のたびに持ち株数を減少させなくてはならず，諸外国と比べて家族の持ち株比率が低いことが知られている。そのため，近年までは金融機関や取引先などの物言わぬ株主との長期的な関係性の構築を通じて，持ち株比率が少なくても家族が経営に影響力を保持してきたといわれる（佐藤〔2014〕）。こうした点を考慮すると，日本におけるファミリービジネスの実態を議論するには，「同族所有」のみならず，「同族経営」も含めた広義でファミリービジネスを捉えることが有益であると思われる（入山・山野井〔2014〕，ウィワッタナカンタン＝沈〔2015〕）。

そこで，本書では，「同族会社」のみならず「同族経営」や「オーナー企業」を含め，より広義に，「創業者およびその一族が経営に一定の影響を及ぼす企業」をファミリービジネス，ファミリー企業としておく。

(2) ファミリービジネスの強みと弱み
―コインの表裏の関係―

所有と経営が分離せず，ファミリーのメンバーが経営に参画しているという点で，ファミリービジネスには，非ファミリービジネスと比べて，ガバナンスや事業承継などの面においていくつかの克服すべき課題を抱えている。一方で，ファミリービジネスには，ファミリービジネスであるが故の強みを生かした発展性があることも確かである。こうした，ファミリービジネスの発展性と問題性に関しては，ファミリービジネスへの理解が深い米国においても，評価は二分しており，各種の優良企業ランキングで多くのファミリービジネスが高く評

8 第I部 概 論 編

価されている一方で，米経済雑誌の『フォーチュン』が2000年に発表した「最悪の取締役会」6社のすべてがファミリー企業であった（階戸［2008］93頁）。このように，ファミリービジネスは，ファミリービジネスであるが故の問題性と発展性を内包した存在であり，この2面性を適切に理解したうえで議論を展開することが重要である。そこで，以下では，ファミリービジネスのプラスとマイナスの特性について整理していくことにする[3]。

　ファミリービジネスのプラスの特性としては，帰属意識，信頼，互いの支援，共通した目的，家族の価値観の共有，柔軟性，所有と経営の一致による意思決定の独立性，迅速な意思決定，長期的な観点からの経営，変化への対応のスピード，安定性，ファミリーとしてのプライド，長期的思考とコミットメント，地域との共生，などを挙げることができる。特に，非ファミリービジネスとの比較においては，ファミリービジネスは，会社の所有者と経営者が同一であり，経営交代後の任期が20〜30年といわれるように，非ファミリービジネス（5〜7年）と比べて圧倒的に長い傾向がある。これにより，短期的な財務業績の極大化にとらわれることなく，次世代の利益や地域社会との関係性を重視した持続可能な「適正利益」の確保を通じて，企業の存続を第一義的な目的とした経営努力が可能となる。また，圧倒的な支配株比率を背景とする意思決定の速さ，所有と経営が一致していることによるエージェンシーコストの低さ，強いリーダーシップを発揮することで非連続的な変化を通じた革新的な事業展開が可能となる点，などをファミリービジネスの強みとして挙げることができる。

　しかし，一方で，こうしたファミリービジネスに特有の強みは，裏を返せば弱みとなることも指摘されている。例えば，帰属意識や家族の価値観は，身内への甘さにつながり，ファミリーの論理ばかりを優先させてしまうと，ファミリー以外の影響を排除することで，環境認識が限定的となり，外部環境との不適合を生じさせてしまう。また，ファミリー内部での関係性が悪化してくると，収拾がつきにくくなり，ファミリー紛争がビジネスに深刻な影響を及ぼすことになる。さらに，所有と経営の一致による強力なリーダーシップや外部からのガバナンスが働きにくい環境は，ワンマン経営，独善的な経営，不正の温床などにもつながる原因となる。この他にも，行き過ぎたファミリーのプライドや

価値観は，傲慢さや慢心につながり，変化への限定的な対応や外部知識の軽視などにつながることがある。そのようになってしまうと，組織にとって本当に重要な意見や正論が通らなくなり，事業の前提や過去の成功体験そのものを見直していくために必要なダブルループの組織学習（Argyris〔1977〕）が行われなくなる。

　つまり，ファミリービジネス特有の経営形態上の特徴は，時として経営者の暴走，家族間での骨肉の争い，不祥事の隠匿など，ファミリービジネスの負の側面を露呈させてしまうことになる。さらに，ファミリー独自の強みであるファミリー・ケイパビリティー（family capability）は，その強みが環境と適合し成功を収めれば収めるほど，自信が過信へと変わり，過去の成功体験や既に確保した競争優位への過度のこだわりが，環境変化に対する企業の環境適応の遅れにつながることがある（e.g. Audia *et al.*〔2017〕）。そうなると，事業成長のプロセスでプラスに作用したファミリーの存在やファミリー・ケイパビリティーそのものが重荷となり，変化へのイノベーションを阻害する要因となってしまう。このように，ファミリービジネスのプラスの特性は，マイナス特性に転じることで，ビジネスの成長の制約条件となり，いつしか，ファミリー・ケイパビリティーがファミリー・リジディティー（family rigidity）へと変質してしまう危険性を孕んでいる（e.g. Leonard-Barton〔1992〕）。このように，ファミリービジネスのプラスとマイナスの両特性が，それぞれがおかれた文脈との関わり合いにおいて，有利にも不利にも作用するという点を理解しておかなくてはならない。

（3）　わが国のファミリービジネスの現状と課題
―事業承継と経営承継について―

　日本には，多くの中小企業が存在し，その割合は全企業421.3万者に対して99.7％，全従業者数の69％を占めており，その大部分は創業者経営や同族企業であると考えられる[4]。2009年から2014年にかけての事業者数をみてみると，特に小規模企業（大部分がファミリービジネス）で41.3万者（366.5万者⇒325.2万者）の減少がみられる（図表1-2）。2009年から倒産件数は減少して

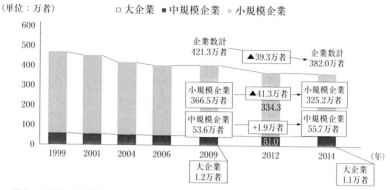

(注) 企業数＝会社数＋個人事業者数である。
(出所) 『中小企業白書』2017年度版より作成。

いるにもかかわらず，多くの事業者数の減少がみられるのは，休廃業・解散数が2016年に過去最高を記録しているなど経営の承継問題に起因している。なかでも，後継者不足は深刻であり，経営者の交代率は1975年から1985年の間に平均4.97％であったのが，2000年から2011年では平均で3.48％に低下している。

これに伴い，経営者の高年齢化が急速に進んでおり，図表1-3に示されているように，経営者の年齢の最頻値は過去20年で47歳から66歳へと毎年1歳ずつ高齢化している（『中小企業白書』2017年度版）。このように，日本が抱える少子高齢化という人口構造的な問題が中小企業（特にその多くがファミリービジネスである小規模事業者）の事業者の減少に影響を及ぼしていることが分かる。超高齢化社会を迎えた日本の構造的な課題は今後も継続していくことが予測され，次の10年で多くのファミリービジネスが事業承継のタイミングを迎えていくことになる。そのため，ファミリービジネスの廃業へ大きな影響を及ぼす経営者の高齢化と後継者不足への対応を含めた事業承継の円滑化に向けた効果的な政策の在り方を早急に議論し，国の競争力を左右する最優先課題の1つとして取り組まなくてはならない。

しかし，制度面に目を向けると，日本は諸外国と比較して，税制上，事業承

第1章　ファミリービジネス経営の現状と課題　11

図表 1-3　中小企業の経営者年齢の分布（年代別）

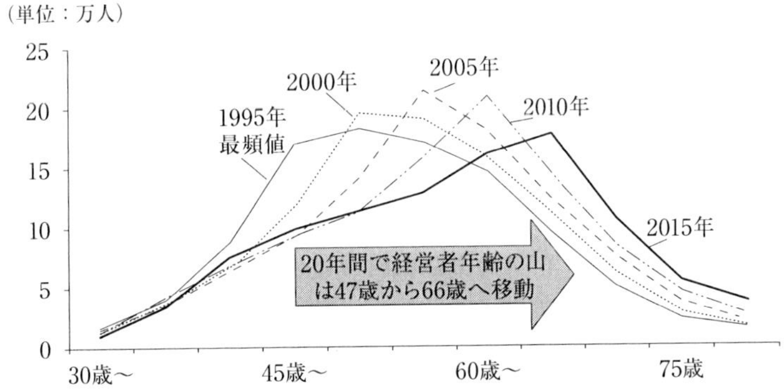

（単位：万人）

```
25

20

15

10

 5

 0
    30歳〜      45歳〜      60歳〜      75歳
```

1995年最頻値　2000年　2005年　2010年　2015年

20年間で経営者年齢の山は47歳から66歳へ移動

（出所）『中小企業白書』2017 年度版をもとに作成。

継にとって不利といわれ，相続税は 3 億円以上で 50％と諸外国と比べても非常に高く，法人税率は実効税率でおよそ 40％である。こうした税制上の障壁が事業承継を難しくしているといわれ，特に企業の規模が大きくなるにつれて，事業承継に際して，個人の持ち株比率を低くし，所有と経営の分離や株式所有割合の希薄化が進む要因の 1 つとなっている。

　また，制度的側面に加えて，ファミリービジネスの事業承継においては，後継者の選別と育成が常に大きな課題となる。なかでも，わが国の事業承継の問題を考える際には，日本特有の事業承継の特徴として，番頭制や婿養子という独特の制度を通じた開放的な「イエ」の制度についても理解を深めておく必要がある。なぜならば，日本のファミリービジネスの大きな特徴の 1 つとして，オーナーシップを根拠としない番頭経営や暫時専門経営者経営が広く行われてきたという事実があり，日本のファミリービジネスは，必ずしも直系血縁親族だけで構成されているわけではないからである。つまり，姻戚や養子，同族子弟，奉公人などを含んだ「擬似的血縁集団」の性格を帯びているのである（宮本［2017］41 頁）。こうした点に着目した実証研究として，1962 年から 2000 年までの上場企業 1367 社の財務業績を比較したウィワッタナカンタン＝沈［2015］によると，創業者経営家族企業に次いで好業績であったのは，婿養子経営家族企業による経営であり，親族経営家族企業による経営や専門経営者家

族企業による経営と比べても高い財務業績をあげていることが示されている。こうした実証研究は，婚養子という日本特有の制度的措置がファミリービジネスに特有の後継者問題という弱みの克服に寄与している可能性を示すもので興味深い。このように，存続を優先するという基本価値を有するファミリービジネスの特性は，家族・イエ・継承財などの伝統に根差した社会制度としてみていくことが重要となる（小林ほか〔2017〕）。

　次に経営承継について考えてみよう。ファミリービジネスについては，「3代目で家業を潰す」，「売り家と唐様で書く三代目」などの表現にみられるように，創業者から2代目，そして3代目へと資産や事業を継承し続けていくことは容易なことではない。同様の認識は，諸外国でもみられ，「繁栄も3代経てば逆戻り」（英語），「富は三世代は続かない」（中国語）などの諺にみられるように，洋の東西を問わず事業を承継していくことの難しさには，共通した認識がある。ファミリービジネスが存続していくためには，常に新たな事業環境へ適応を図り続けていく「不易流行」の実践が重要であるが，それに加えて，自らの分（ぶん）をわきまえ，受け継がれた伝統に敬意を払い，感謝の念を持つという知足を重視することが大切である（長谷川〔2016〕）。また，多くのファミリービジネスには，二宮尊徳の勤労・分度・推譲という教えや渋沢栄一の『論語と算盤』にも記されているように，社会性と経済性を不可分一体として捉えることで，金儲け至上主義に陥らない利他の精神をみることができる。

　このように，ファミリービジネスの存続には，創業以来のミッションや経営理念・家訓，そして屋号・ブランドなどのような「変えてはならないもの」，つまり，駅伝のたすきのように引き継ぐべきものと，こうした伝統を守るために，企業家精神を発揮し革新を続けながら生き残るために「変えるべきもの」を峻別していくことが大切である。伝統を守り続けることで老舗となるということは，閉鎖的・保守的になるということではなく，企業の永続性を理解するには，こうした「保守の中の革新」（加藤〔2014〕37頁）の連続のなかでの個別具体的な企業家活動のダイナミズムを紐解いていく必要がある。

　また，いくら親が子に事業を引き継いでもらいたいと考えていても，子供が親の事業を引き継ぎたくないと考えているケースが過半数を超えているという

指摘もあり，後継者にとっての事業の魅力をどのように高めていくことができるのか，つまり，「親は子供を後継者として育てたいと思っているけれど，子供は必ずしもそうは思っていない」（落合〔2018〕），というファミリービジネスの現実の姿を理解しておかなくてはならない。後継者であるファミリーメンバーは，創業者の教えを祖父母や親から伝え聞き，彼らの事業に対する姿勢に触れながら生活していく中で後継者としての意識を形成していく。魅力的な事業を育成していくこと以前に，後継者は，親子間の愛情や信頼関係といった家族の幸福を敏感に感じる存在であり，良好な家族関係が円滑な事業継承にとっての重要な要因となるという点を理解しておかなくてはならない。こうしたファミリービジネスを永続させていくプロセスにおいて，経営者を支えるメンターの存在や Trust Catalyst（信頼を繋ぐ人）と呼ばれる人々の役割にも注目をしていく必要がある（倉科〔2008〕）。

　以上のように，事業承継を考える際には，ファミリービジネスが直面している構造的・制度的・経営的な課題を理解しておくことが重要となる。そのうえで，ファミリービジネスの事業承継には，ファミリービジネス特有の課題や現状を客観的に把握し，事業承継の制度的な課題に対して計画的に行動することが重要である。そこで以下では，こうした異質多元的で複雑な関係性を統合的に理解していくために有益であるファミリービジネス特有のフレームワークを整理する。

3. ファミリービジネスの理論的フレームワーク

(1) スリー・サークル・モデルとスリー・ディメンジョン・モデル

　ファミリービジネスは，株式の所有（ownership）と経営（business）という2つの要因に加えて，ファミリー（family）という第3の要因が重なり合うように関わるという構造を有しているのが大きな特徴である（Tagiuri and Davis

〔1982〕,Gersick *et al.*〔1997〕)。こうしたオーナーシップ,ビジネス,ファミリーという3つの領域を図表1-4のように円で表すと,ファミリービジネスには互いが重なり合う7つスペースが形成されることが分かる。ファミリービジネスのメンバーは,この図で表された7つのスペースのいずれかに属することになる。それぞれの立場によって,事業への考え方やファミリーとのかかわり方などに違いが生じることになるため,ファミリービジネスの主体者がいずれに属しているのかを理解し,7つのセクターの利害関係を調整していくことが重要である。

　ファミリービジネスの典型的イメージとしては,ファミリー（創業家）が企業を所有し,かつ経営を行っている図表1-4の領域7で示されたタイプである。領域7に属するファミリービジネスの経営者は,事業を継続してくための戦略や経営計画などのマネジメントプランに加えて,不測の事態への対応計画や株式・財産の承継プラン,そして後継者育成のファミリープランを考えていかなくてはならない。次に,株を保有せず,ビジネスにもかかわっていないファミリーメンバーの事業承継の株式譲渡を考えるということは,領域1から領域4

図表1-4　スリー・サークル・モデル

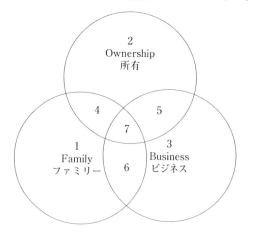

（出所）　Gersick *et al.*〔1997〕を参考に作成。

の関係を考えるということであり，ファミリープラン（1の領域）と資産プラン（4の領域）を考えていかなくてはならない。同じファミリーであっても，株式を所有しビジネスとはかかわらないメンバー（領域4）や従業員としてビジネスにはかかわってはいるが，株式を所有していないメンバー（領域6）では，それぞれ異なる関心があり，実務上の処方箋も異なるものとなるはずである。このように，スリー・サークル・モデルは，ある特定の時期のファミリービジネスの状況を所有，家族関係，ビジネスという3つの関係性を通じて理解することで，ファミリービジネスの現状と課題を考えるフレームを提示するという意味で有益なツールである。

　しかし，一方で，ファミリービジネスは，事業の継承時期，事業環境の変遷，所有形態の変化などの時間の経過に伴う関係性のズレが原因となって課題が生じる場合が大半である。一般的に，多くのファミリービジネスは，時間の経過と共にファミリーの関係者が結婚や子供の誕生などを通じて増えていき，死別や離婚などを通じて関係性が変化する。また，ビジネスの領域や規模やステークホルダーも，事業が継続される過程で，変化し拡大していくため，創業当初の事業上の課題が変化し，資金繰りや事業領域の再定義など従来とは異なるビジネス上の課題に向き合うことになる。オーナーシップの在り方も事業承継のプロセスで，直系から，従兄弟，親族へとあり方が変遷し，事業承継のたびに保有株式が希薄化・分散化していくことがある。このように，ファミリー，ビジネス，オーナーシップという3者の関係性は安定的なものではなく，通常は，時間の経過や事業の発展に応じてファミリービジネスを取り巻く複雑性も増していくことになると考えられる。そこで，3者の関係を発展的に捉えるための時間軸を組み込んだフレームワークが，図表1-5に示したスリー・ディメンジョン・モデルである（Gersick *et al.*〔1997〕）。これら3つの軸は，同じスピードで発展するものではなく，発展のスピードや時期が異なっているのが通常であり，それぞれが独立的に発展するなかで，互いに影響を及ぼし合うことになる。

　これら3つの軸の発展性と相互関係に加えて，個人軸，組織軸，そして産業軸を加えたファミリービジネスのライフサイクルモデル（Gersick *et al.*〔1997〕）というものも存在しているが，これらが示唆するのは，ファミリービジネスは，

図表 1-5　スリー・ディメンジョン・モデル

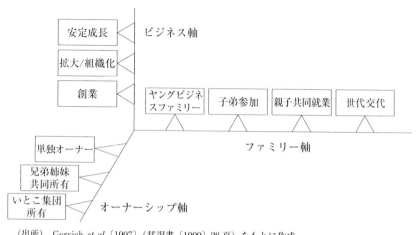

（出所）　Gersick et al.〔1997〕（邦訳書〔1999〕28頁）をもとに作成。

　ファミリー（family），所有（ownership），ビジネス（business）という異質多元的な特質を有しており，複雑な関係性の上で成立しているという点である。ひとたびこれらの絶妙なバランスが崩れてしまうと，その強みが事業の発展の阻害要因となってしまうために，産業（industry）や個人（individual）そして組織（organization）における発展段階とのかかわりにおいて，総合的にかつ同時並行的にファミリービジネスにかかわる課題を把握していかなくてはならない。次に，そのためのフレームワークを見ていくことにしよう。

（2）　パラレル・プランニング・プロセス・モデル

　ファミリービジネスは，時間の経過とともにその複雑性が増すことが指摘されており，世代を経るに従いファミリーメンバーが増加し，種々の火種が燻り始めることになる。そうなると，強みであったはずのファミリーという存在そのものが重荷となり，ビジネスへも様々な負の影響を及ぼすことになる。こうしたビジネス上の課題とファミリーの問題のバランス調整が，ファミリービジネスを存続させていくうえで重要なポイントとなる。こうしたファミリービジネス特有の課題へ対処していくには，ビジネスにおける環境適応とファミリー

からの期待を計画的に同時並行的に考えていくことが重要であり、そのための
フレームワークがパラレル・プランニング・プロセスである（Carlock and
Ward〔2010〕）。パラレル・プランニング・プロセスモデルの前提となる考え方
は、ファミリービジネスにはベスト・プラクティスは存在せず、存在するのは
ベスト・プランニング・プロセスであり、ファミリービジネスの特性を意識し
たうえで、計画的に複雑な関係を捉えていくことで、ファミリービジネス特有
の課題の大部分は対処可能であるという。

　Carlock and Ward〔2010〕は、ファミリーの調和と事業の成功のためには、
①リーダーシップとオーナーシップの承継問題、②ファミリーのコミットメン
トを競争優位へとつなげていくこと、③競争が激化するグローバル経済におい
て、ファミリーの財務的投資と人的資本投資を価値創造の戦略と結びつけてい
くことが必要であるとしている。このモデルでは、家族の価値観と経営理念が
計画立案の基盤となるものであるとして、ファミリーとビジネスのビジョンお
よび価値観を共有することを最優先する。そのうえで、戦略・投資・ガバナン
スといった一連の経営のプロセスにおいて、ファミリーとビジネスの期待や目
的を明示的に共有し、計画的に相互の対立関係の改善を図ることがファミリー
ビジネスの成長と発展に重要であることを主張している。

　ファミリーの価値観やビジネス環境への対応は、時間の経過や事業の成長と
ともに複雑化していく。こうした変容への対応には、効果的な計画ツールが必
要であり、図表1-6に示されているように、5つの相互に関連し合うステップ
を統合的に捉えていく必要がある（Carlock and Ward〔2010〕）。第1に、ファ
ミリーの共有価値についての合意、第2に、ファミリービジネスのビジョン策
定、第3に、ファミリーの参加の度合いと事業戦略に関する計画、第4に、財
務的・人的資本の投資、第5に、ファミリーとビジネスを持続的な事業成果の
達成とつなげるガバナンスである。ファミリービジネスは、世代を経るごとに
直面する課題も大きく変わることが通常であり、ファミリーの論理とビジネス
の論理を結びつけるための共有されたビジョンの設定と、ファミリーの調和と
ビジネスの持続的な成功とを整合させるために計画的にファミリービジネスを
捉えていかなくてはならない。

18 第Ⅰ部 概 論 編

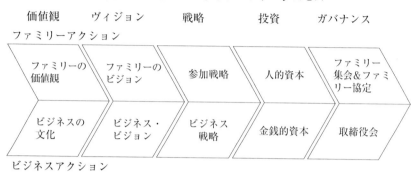

図表1-6　パラレル・プランニング・プロセス

(出所)　Carlock and Ward〔2010〕(邦訳書〔2015〕81頁) をもとに作成。

(3) 4Cモデル

Miller and Le Breton-Miller〔2005〕は，長期にわたり好業績を維持している永続的なファミリー企業として欧米の24社を取り上げた分析を行い，ファミリービジネスには，専門経営者による経営にはみることのできない4つのCを優先的に位置づけた経営を行う特徴があることを示した。4つのCとは，「継続性 (Continuity)」，「コミュニティ (Community)」，「コネクション (Connection)」，「コマンド (Command＝指揮者)」であり，長期間にわたり好業績をあげているファミリービジネスは，これら4Cを企業実践と有機的に結びつけているという。これによって，独自のミッションの実現を継続的に目指し (continuity：夢の追求)，明確な価値観を共有するためにコミュニティーを束ね (community：同族集団のまとめ)，ステークホルダーとの関係性を長期的に形成し (connection：良き隣人である)，状況に即して迅速かつ大胆に行動することを通じて (command：自由な行動と適応)，競争優位を築くことに成功している。Miller and Le Breton-Miller〔2005〕は，4つのCのプライオリティとプラクティスについて図表1-7のようにまとめている。そのうえで，長期的に好業績を維持している企業の戦略を4つのCとのかかわりから分析し，ブランド構築，クラフトマンシップ，卓越したオペレーション，イノベーション，ディールメーキングという5つの戦略のいずれかを通じて永続的な経営を可能にしていると

図表1-7 「4つのC」のプライオリティとプラクティス

	プライオリティ	プラクティス
継続性： 夢の探求	永続的かつ本質的なミッションを追い求め，それを実現するために健全で長寿の会社づくりをする。	有意義なミッションを掲げ，自己犠牲と我慢強い投資のもと，ミッション実現に必要な中核能力を鍛える。経営幹部に長期間の修行を積ませて育成する。
コミュニティー： 家族集団を一致団結させる (Uniting the tribe)	強いコミットメントと動機づけられた人々とともに，結束と他者を思いやる文化を醸成する。	明瞭な価値観を強調する。たえず社会に適合する。「福祉国家」を創造する。主体性とチームワークを促す非公式な環境づくり。凡庸さを排除する。
つながり： よき隣人，そしてパートナーであること	会社を長期的に持続させるために，外部関係者と永続的なウィン-ウィン関係を構築する。	主要なクライアントやサプライヤーと親密な関係で，広くネットワークをつくり，顧客と交流を保つ。社会に対する惜しみない貢献。
指揮権： 自由な行動と適応	状況に即して勇気ある決断を下す自由と，俊敏な組織を保つための自由度を保持する。	大胆かつ素早く，独創的な行動をとるために，多様性に富み，エンパワーされた経営幹部の力を活用する。

(出所) Miller and Le Breton-Miller〔2005〕p.34，邦訳〔2005〕59頁を参照し作成。

した。

　ここまでみてきたように，ファミリービジネスを考えるには，ファミリーとビジネスの相克を解消し，ファミリービジネスの特性を優位に生かしていくために，以下の3つの側面を理解することが重要となる。第1に，株式の移転や譲渡といった「制度的な」側面，第2に，伝統を守りつつ環境変化へ対応するための革新を通じた経営基盤の確保という「経営的な」プロセス，第3に，代々引き継いできたファミリーの価値観や家族内での関係性という「ファミリー的な」側面である。

4. む す び
―ファミリービジネスの存在意義とは―

　ファミリービジネスは，地域社会との密接なかかわりの中で存在している場合が多い。ここでいう地域という用語の定義は，それぞれのファミリービジネスによって異なるものであり，各ファミリービジネスが独自に地域社会を想定している。また，ファミリービジネスは，地域社会に生かされていると同時に，長期的に地域の取引先，地元の従業員などの地域の幅広い多様なステークホルダーとの互恵関係の構築を重視した経営を行うことで，地域社会の発展の重要な担い手としての役割を果たしている。老舗と呼ばれるファミリービジネスのなかには，数十年，百年という超長期的観点から自らの死後をも射程に入れた事業を構想しているものも多く，こうした時間軸で事業を構想するというのは，非ファミリービジネスではなかなか見ることができない特徴であろう。

　近年，経営学の各分野において，ゆきすぎた株主至上主義の様々な限界が指摘されている。特に，短期的な財務的成果の追求や時価総額の極大化を過度に意識した経営姿勢は，いつしか私たち日本人の経済道徳を弱めてしまったように思える。こうした倫理観や規範意識の低下や喪失を端的にあらわしているのが，近年，相次いで顕在化した企業の不祥事である。

　ファミリービジネスにおいては，短期的な経済合理性の追求それ自体が究極の目的なのではなく，家族（ファミリー）の価値観に基づき，より社会的，長期的，継続的な観点から家訓や経営理念の実現や事業の存続およびファミリーの永続性が志向される。ここで，ファミリービジネスにおける家訓や経営理念は，経営目的そのものではなく，経営の主体的な活動にとって，行動の指針となる信条や創業者の想いを抽象的な形で示したものであるが，こうした精神性や規範性がファミリービジネスの事業活動に大きな影響を及ぼしている。既存研究においても，創業者ファミリーは経済的利益のみならず，社会情緒的資産（socio-economic wealth）をより重視し，地域や会社に対する感情的な結びつきが強く，非財務的な効用を追求する傾向があるといわれている（Gomez-Mejia *et al.* 2007)。

　考えてみれば，医療福祉や介護，環境問題，少子高齢化，教育，地方の衰退，移民など，現在の日本社会が抱える課題の多くは，経済合理性という観点からのみでは解決を図ることができない性格のものである。一方で，理想論や道徳観・倫理観ばかりを振りかざす規範論のみでは，現実は微動たりしない課題群であることも，また事実である。このように考えると，変革の動力としての経済合理的なシステムを内在した企業組織の重要性は極めて高く，なかでも，日本社会や精神の風土を歴史的に内包し，経済合理的な装置にはなり損ねた（あるいはなることを選択してこなかった）ファミリービジネスという存在に着目し，その存在意義を再評価することは，今後の日本の経済社会を展望するうえでも重要であるといえる。なぜならば，老舗のファミリービジネスには，狭く利己的な利益のみを追求するマシンとしてではなく，守るべき創業の精神や家訓を継承していきながら，広く社会とのかかわりを意識した利他的な行動を可能にすることで，永続性を担保するための様々な仕組みや知恵が埋め込まれているからである。

【Review & Discussion】

① ファミリービジネスの重要性について，整理してみよう。

② ファミリービジネスの経営上の課題と政策上の課題について，整理してみよう。

③ ファミリービジネスの強みと弱みについて，整理してみよう。

④ ファミリービジネスの社会的・経済的な重要性について，整理してみよう。

〈注〉

1) 後藤［2009］は，創業以来200年以上の会社を長寿企業，100年以上続く企業を老舗企業とし，老舗企業は50,000社ほど存在するのではないかと推定している（90頁）。このように，ファミリービジネスや老舗企業の実数については，その定義により大きく変動する。

2) ファミリービジネスの定義に関しては，創業者によって経営がなされている企業を「ファミリーメンバーへの次世代への承継の意思」という主観的な要素をもって定義に含めるか否かなど，いくつかの点において議論が分かれている（e.g. Astrachan and Shanker［2003］，Miller *et al.*［2007］，後藤［2012］）。

22 第 I 部 概 論 編

3) ファミリービジネスのプラス特性とマイナス特性という表現については，内山〔2011〕
を参照している。
4) 我が国の税法では，「上位 3 株主とその親族などの持ち株比率合計が 50％を超える企
業」を同族企業と定義している。

〈参考文献〉

Argyris, C. 〔1977〕, "Organizational learning and management information systems," *Accounting, Organizations and Society*, 2 (2), pp.113-123.

Astrachan, J. and M. Shanker 〔2003〕, "Family businesses' contribution to the US economy: A closer look," *Family Business Review*, 16(3), pp.1-220.

Audia, P. G., E. A. Locke and K. G. Smith 〔2017〕, "The paradox of success: An archival and a laboratory study of strategic persistence following radical environmental change," *Academy of Management Journal*, Vol.43 (5), pp. 837-853.

Carlock, R. S. and J. L. Ward 〔2010〕, *When Family Businesses are Best: The Parallel Planning Process for Family Harmony and Business Success*, Palgrave Macmillan.（階戸照雄訳〔2015〕『ファミリービジネス 最良の法則』ファーストプレス。）

Gersick, K., J. Davis, M. McCollom-Hampton and I. Lansberg [1997]. *Generation to generation- Life cycles of the Family business*, Boston: Harvard Business Press.（岡田康司監訳〔1999〕『オーナー経営の存続と継承―15 年を越える実地調査が解き明かすオーナー企業の発展法則とその実践経営―』流通科学大学出版。）

Gomez-Mejia, J., K. Haynes, M. Nunez-Nickel, K. Jacosn and J. Moyano-Fuentes 〔2007〕, Socioemotional Wealth and Business Risks in Family-Controlled Firms: Evidence from Spanish Olive Oil Mills, *Administrative Science Quarterly*, 52, pp.106-137.

Kenyon-Rouvinez, D. and J. Ward (eds.) 〔2005〕, *Family Business: Key Issues*, Palgrave Macmillan.（富樫直紀監訳〔2007〕『ファミリービジネス永続の戦略』ダイヤモンド社。）

Leonard-Barton, D. 〔1992〕, Core capabilities and core rigidities: A paradox in managing new product development, *Strategic Management Journal*, 13 (1), pp.111-125.

Miller, D., I. Le Breton-Miller, R. H. Lestor and A. A. Cannella 〔2007〕, "Are family firms really superior performers? ," *Journal of Corporate Finance*, 13, pp.829-858.

Miller, D. and I. Le Breton-Miller 〔2005〕, *Managing for the long run: Lessons in competitive advantage from great family business*, Harvard Business School Press, Boston, Mass.（斎藤祐一訳『同族企業はなぜ強いのか？』ランダムハウス講談社，2005 年。）

Shanker, M. and J. Astrachan 〔1996〕, "Myths and realities: family businesses' contribution to the US economy," *Family Business Review*, 9(2), pp.107-123.

Tagiuri, R. and J. A. Davis 〔1982〕, "Bivalent attributes of the family firm," Working Paper, Harvard Business School (reprinted in 1996), *Family Business Review*, 9(2), pp.199-208.

浅羽 茂〔2015〕「日本のファミリービジネス研究」『一橋ビジネスレビュー』63(2)，20-30 頁。

入山章栄・山野井順一〔2014〕「世界の同族企業研究の潮流」『組織科学』48 (1)，25-37 頁。

ウィワッタナカンタン・ユパナ＝沈政郁[2015]「ファミリービジネスと戦後の日本経済」『一

橋ビジネスレビュー』63(2), 32-46 頁。

内山智裕〔2011〕「農業における「企業経営」と「家族経営」の特質と役割り」『農業経営研究』第 48 巻第 4 号, 36-45 頁。

小川達大〔2018〕「新興国市場のマネジメント：CDI グループのテーマ」明治大学ビジネススクールにおける講義資料。

奥村昭博〔2015〕「ファミリービジネスの理論：昨日, 今日, そしてこれから」『一橋ビジネスレビュー』63(2), 6-19 頁。

落合　稔〔2018〕「日本型ファミリービジネスの可能性」『次世代ファミリービジネスシンポジウム 2017「継承と変革」講演録』明治大学ビジネススクール MBS Review 特別号。

加護野忠男〔2008〕「経営学とファミリービジネス研究」『学術の動向』13(1), 68-70 頁。

加藤敬太〔2014〕「ファミリービジネスにおける企業家活動のダイナミズム」『組織科学』47(3), 29-39 頁。

久保田章市〔2010〕『百年企業, 生き残るヒント』角川 SSC 新書。

倉科敏材〔2003〕『ファミリー企業の経営学』東洋経済新報社。

倉科敏材 編著〔2008〕『オーナー企業の経営：進化するファミリービジネス』中央経済社。

後藤俊夫〔2009〕『三代, 100 年つぶれない会社のルール：超長寿企業の秘訣はファミリービジネス』プレジデント社。

後藤俊夫〔2012〕「ファミリービジネス論における事業承継」『事業承継』1, 46-53 頁。

小林康一・曽根秀一・秋澤光〔2017〕「存続優先のファミリーアントレプレナーシップのプロセス」『ファミリービジネス学会誌』6(6), 5-19 頁。

佐藤　和〔2014〕「日本のファミリービジネス：企業文化の視点から」『三田商学研究』56 (6), 115-124 頁。

階戸照雄〔2008〕「欧米のオーナー経営の特異性」倉科編著『オーナー企業の経営：進化するファミリービジネス』中央経済社。

末廣　昭〔2006〕『ファミリービジネス論：後発工業化の担い手』名古屋大学出版会。

田村安興〔2016〕「日本のファミリービジネスに関する歴史的研究：1935 年と 2015 年の検討」『高知論業』112, 1-23 頁。

帝国データバンク〔2014〕『長寿企業の実態調査』。

長谷川博和〔2016〕「永続ファミリービジネスの類型」『日本のファミリービジネス：その永続性を探る』中央経済社。

ファミリービジネス学会編〔2016〕『日本のファミリービジネス』中央経済社。

宮本又郎〔2017〕「書評：奥村・加護野編著『日本のファミリービジネス：その永続性を探る』」『ファミリービジネス学会誌』6(6), 37-41 頁。

横澤利昌 編著〔2012〕『老舗企業の研究:100 年企業に学ぶ革新と創造の連続』生産性出版。

（藤岡資正）

24 第Ⅰ部 概 論 編

第2章

ファミリービジネスにおける不動産活用

━ 本章のねらい ━

　不動産を保有している中堅・中小企業（ファミリービジネス）[1] にとって，これをうまく活用すれば事業承継や経営に大いに役立てることが可能です。しかしながら，不動産は借地権，共有不動産などの難しい類型や建物の老朽化の進行度等により，すぐに流動化することが容易でないことが多く，時間をかけてかなり前からその活用の準備をしておくことが望まれます。これは，中堅・中小企業の事業承継・相続にとっての大きな課題です。

　本章では，事業承継における一般的な大きな課題（株の承継，節税，納税資金確保，相続争い回避等）を整理し，かつこれらの課題の解決のために，保有している不動産を最大限活用することを提案します。

　企業の保有する不動産を活用する基本的な考え方，体制（企業不動産戦略）について概説するとともに，中堅・中小企業におけるその具体的方策として，相続対策でよく行われる貸家経営の一般的課題，老朽化したビルの建て替え問題，および借地権付建物，底地，共有不動産などの市場性に劣る不動産の課題を整理します。そしてそのような不動産を有効に活用できるように，流動化しやすい資産に事前に転化しておくための準備のポイントをお伝えします。

■ キーワード

　事業承継，不動産有効活用，節税対策，企業不動産戦略

1. ファミリービジネスの事業承継に向けた CRE 戦略

　ファミリービジネスにとっての不動産活用を述べる前に，企業一般における保有不動産を活用する基本的な考え方，体制（CRE 戦略）について述べる（図表 2-1）。
　CRE（Corporate Real Estate：企業不動産）戦略とは，企業の経営戦略，事業戦略に適合するように企業の保有する不動産，施設について，適正に維持，管理，処分あるいは取得，賃借することにより，最終的には企業価値の向上を目指すものである。具体的には，まず，企業が所有，または賃貸借中の全ての不動産のデータベースを作り，その実態を調査，評価し，中長期経営計画によって定められた経営戦略に沿って，必要な不動産と不要な不動産に仕分け，今後の売買，賃貸借等の計画を立てる（図表 2-1 では「経営戦略段階」とする）。次にその計画に従って，実際に売買，賃貸借，建築プロジェクト等を実行し（図表 2-1 では「不動産取引実行段階」とする），最後に利用することが決まった不動産の維持，管理，運用を行うファシリティマネジメント（FM）やプロパティマネジメント（PM）を実行する（図表 2-1 では「維持，管理，運用の段階」とする）。そして，そのそれぞれの段階に，戦略コンサル，不動産仲介会社，FM

図表 2-1　CRE 戦略の基本的仕組み

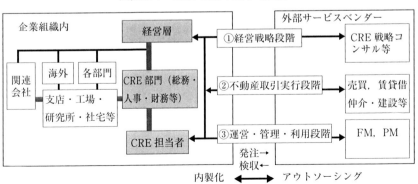

コンサルなどの，企業からのアウトソーシングを受託する外部のサービスベンダー（サービス提供者）やコンサルタントが存在し，当該企業にサービスを提供する。中堅・中小企業の場合は，経営戦略段階について税理士や中小企業診断士などが経営層の相談相手となっている場合も多いだろう。

CRE 戦略を実行するには，全社の不動産をすべて横軸で統括する CRE の組織（通常不動産部や総務部）が必要である。また，保有不動産に関連する情報を収集し，利用するために，データベースや管理ソフトなど情報システムの構築も必要である。さらに，CRE 業務に携わる人材のありかた，人材育成が重要な課題である。企業内でこれらの業務を行う人材は，組織内不動産プロフェッショナルとして 2 つの大きな役割を持っている。1 つは組織人として他部署と協働して経営戦略を不動産関連業務に落とし込み，実践することであり，もう 1 つは外部のサービスベンダーに様々な業務をアウトソーシングして発注し，そのサービスベンダーから提供されたサービスを検収して内部で利用することである [2]。

2.　事業承継における課題と保有不動産の活用

（1）　事業承継の課題：対策以前

事業承継対策以前の課題としては，次の 2 点が考えられる（図表 2-2）。

①　事業を継続するかどうかの判断

少子高齢化，グローバル化，ICT や AI の発達など，昨今の日本のビジネス環境の大きな変化により，まず現在の事業を継続すべきか廃業すべきかを検討することが必要である。イノベーションにより新しいビジネスができない限り，廃業したほうがよいと考えられる中堅・中小企業が多く見受けられるからであ

第2章 ファミリービジネスにおける不動産活用　27

図表2-2　事業承継の課題とその解決フローチャート（不動産対策を中心に）

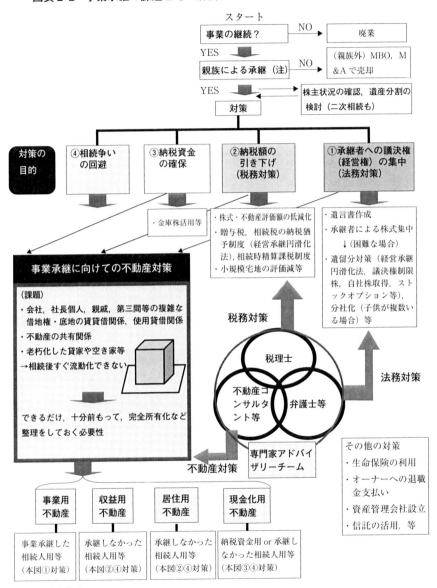

出所：筆者作成。

28 第Ⅰ部 概　論　編

る。

②　承継者の選定

　事業を継続することが決まった場合，子供などファミリーの中で承継者がいればそれに越したことはない。もしいなければ，有力な従業員に会社を売却するMBO（Management Buyout）や会社を第三者に売却するM&Aが選択される。いずれの場合も急に承継者を選ぶことは難しいので，余裕をもって決めておく必要がある。

（2）　事業承継・相続対策

　事業承継に伴う相続対策の目的としては，次の4点が考えられる（図表2-2）。

①　承継者への株式の集中（法務対策）

　後継者が決まれば，次に企業の支配権を確立するために，商法上の特別決議ができるよう全株式の2/3以上を後継者に集める必要がある。遺言書作成によりこれが実現できればよいが，株式が分散している場合，他の相続人に遺留分が残ってこれが達成できないことがある。その場合，経営承継円滑化法[3]の利用，議決権制限株，自社株取得，ストックオプション等の対策が検討される。

②　納税額の引き下げ（税務対策）

　事業承継における節税対策としては，株式評価額の低減化や株式の贈与税，相続税の納税猶予制度（経営承継円滑化法），相続時精算課税制度などがある。不動産に関しては，財産評価基本通達により，相続税路線価が公示価格ベースの80％水準に保たれていることや，固定資産税に関して，相続の際の小規模宅地の評価減の制度がある。その他，配偶者控除，3,000万円控除などの制度も利用しうる。また，次節3.以下で述べる貸家建設には，様々な節税メリットがある。その反面，節税のみに注目すると，不動産事業が成り立たなくなる可能性が大きくなること，さらに，相続直前での節税対策は無効になるリスク

があることに留意すべきである。

③ 納税資金の確保

相続税は原則相続後10カ月以内に納めなければならないので，納税資金として流動性の高いキャッシュ等を用意する必要がある。物納という制度もあるが，納税資金確保のために，売却しやすい不動産を事前に準備しておくに越したことはない。

④ 相続争いの回避のための不動産活用

借地権・底地，共有不動産等，流動性の低い不動産を，事業承継前に流動性の高い完全所有権に変えておき事業承継しない相続人などに分配しやすいように準備しておくことは，相続争いを回避する1つの手段である。そのためには，前節1.で述べたCRE（企業不動産）戦略が必要である。

以下，不動産を用いた相続対策について述べる[4]。

3. 貸家経営一般の課題

2015年1月の相続税法の改正で大幅に納税者が増加し，ハウスメーカーや金融機関の後押しもあって，アパートなどの貸家経営による相続税の節税策がその後過度に進んだ。しかし，少子高齢化や大幅な人口減少が進む中，今後20年以上の長期にわたり貸家経営が健全に続けられる地域は限定され，貸家オーナーは，借入返済が不能になるリスクが大きい。2017年度後半，アパートローンは金融庁により急激にブレーキがかかり，2018年度も新規貸出額は対前年比減少が続いた。

（1） 貸家による節税メリット

　所有地に貸家を建設し，うまく経営すれば毎期安定した収益が得られる他，相続税の節税メリットは大きい。現金で相続する場合と金融機関から借入れして土地，建物を購入する場合を比較すると，土地に関しては，相続税路線価自体が時価（公示価格）の80％水準であるうえ，貸家の敷地（貸家建付地）の評価減もある。例えば，相続税路線価図において借地権割合60％，借家権割合30％の土地の場合，時価の約34％の評価減になる ｛1－80％×（1－60％×30％）｝。また，建物の評価額も固定資産税評価額がベースになるので建設コストよりかなり減額される。その上借入債務があれば，土地建物の評価額の合計額からそれが相続税評価額から控除されるため，課税対象額は更に下がる。但し，このような不動産投資には以下のようなリスク，課題がある。

（2） 貸家経営における一般的留意点

①　立 地 選 定

　貸家経営を行う場合，第1に，将来的にもテナントの需要が見込まれる立地かどうかが問題である。都心の中心部であれば，30年後の人口減少の時代においても人口減は大きくないが，郊外や地方都市の限界地区になると30～40％近く人口が減少すると予測されている[5]。

②　詳細な調査の重要性

　建物については，建築基準法や都市計画法上の法規，規制との適合，適法性，修繕履歴と今後の大規模修繕の必要性，アスベスト等の有害物質などの調査を行う必要がある。土地については，前面道路幅員（容積率に影響する），隣地からの越境，土壌汚染，地中埋設物（重要文化財も含む），地盤強度，境界画定の有無等，近隣環境については，騒音，日照，臭気，がけ崩れ，嫌悪施設の存在など，また法務局における権利関係についての法的調査等が必要である。

　これらの懸念があれば，取引の前にプロによる詳細な調査をしておくことが望まれる。例えば，事業承継の際に土地をM&Aや売却の対象とする場合に

おいて，深刻な土壌汚染が発見された場合，当てにしていた売却額が大幅に減少し，対策費用を差し引くと実質マイナスの価値にもなり，大きな見込み違いとなりうる。

③　事業手法の選定

不動産の事業手法としては，貸地（借地権設定）や貸家建設，等価交換，土地の一部売却後の残地での貸家建設，建築協力金差入方式，土地信託および建物管理信託[6]などが考えられる。事業の形態，資産規模，借入の有無やその多寡は，所有者（事業者）の資力（リスク許容度），日常管理を含む不動産事業に対する関わり方（熱意）により決めるべきである。不動産投資においても株式売買と同様に，顧客の知識，経験および財産の状況および目的に照らして不適当と認められる勧誘を行ってはならない，とする適合性の原則の考え方を適用し，所有者としてふさわしくない投資は行うべきではない。

④　事業主体の選択

事業主体としては，個人のまま事業を行う場合[7]と法人形態で行う場合がある。法人形態においては，不動産管理会社を設立し，不動産の収益から管理費等を当該法人に支払い，法人においては配偶者，子供等の親族を役員，従業員にして役員報酬，給与を支払うことにより，オーナー一人に集中していた所得を分散して税率を下げ，一族全体としての納税額を下げることができる。但し，不動産管理会社を設立する場合，不動産オーナーから過大な金額が管理料として管理会社に支払われると，法人税を不当に軽減させるものとして租税回避行為とみなされ，経費として認められない可能性があるため，地域における同様の事業形態（転貸方式，管理委託方式等）の不動産の管理料や賃料相場や判例を調査し，妥当な金額を設定する必要がある。

法人化することにより，従業員に給料のほか，退職時には退職金を支払うことができること，生命保険や社会保険に加入できること，法人税と所得税の税率の相違などもメリットになりうる。一方，法人設立のデメリットとしては，設立費用，出納，給与，社会保険などの事務手間の増大や，場合によっては税

率，不動産評価，株式評価において個人の場合に比べて不利になることがあることがある。

⑤　契約内容

　主な論点として，普通借家か定期借家か，直接賃貸かサブリースか，賃料改定の時期，その方法，賃貸人としての修繕義務の範囲，等がある。サブリースの場合で家賃保証制度を利用する場合でも，賃料改定条項や空室・滞納保証などの契約条項には特に留意する必要がある。長期保証の条項があってもサブリースは借地借家法の適用があり，賃料増減請求の規定が適用されうるからである。また，入居者退去後の一定期間は空室を保証しない免責期間が定められていることもある（通常は2，3カ月）。さらに，建物を建築するハウスメーカーがサブリースを行うときには，建築費が高すぎではないか，また，今後修繕やリフォームを行う際に，誰がどのようにそれを判断するかについても留意する必要がある。

⑥　不動産の維持管理

　貸家経営において，維持管理は非常に重要である。建物の建築費から，運営中の維持管理費及び老朽化したのちの取り壊し費用まで，すべてのライフサイクルコストのうち建築費の占める割合は小さく，大半は維持管理費である。業務は大きく3つに分類でき，メンテナンス業務（日常の清掃，警備，設備管理，衛生管理など），コンストラクションマネジメント業務（中長期の外壁の塗り替え，屋根の葺き替え等の大規模修繕），およびリーシングマネジメント業務（新規テナント募集や入居中のテナントの対応）がある。これらの業務を外部の会社に委託する場合やサブリース会社に一括賃貸して管理を任せる場合でも，所有者自身がその妥当性をチェックすることが望ましい。

　また，高齢化が進む中，高齢者であるテナントが認知症を発症して事故を起こす可能性があることや，孤独死や自殺等が起きた場合，事故物件として扱われ，一定期間リーシングができなくなる等の問題がある。さらに外国人労働者の増加により，テナントが多様化し多言語対応が必要になるなど，賃貸住宅の

管理も難しくなってきている。

⑦ 借入の有無，借入額

他の不動産で課税される不動産収益がある場合，多く借りて大きな資産を持つほど，総収益から差し引ける減価償却費や金利支払いが多くなり，それに対応して節税効果は大きくなる。借入額が大きくなると，投資額（エクイティ投資）に対するリターンは大きくなるが，それだけ返済不能に陥るリスクも高くなる。通常，金融機関は，安全性の原則から担保となる不動産の担保評価額に対して，60％〜80％程度の貸出比率の限度を定めていることが多い（近年は100％のフルローンがあったが，2017年以降は激減している）。

一般に当該不動産しか不動産がなく，他の収入も少ない場合には，等価交換や，できるだけ借入を少なくするような事業手法を選択することが望ましい。

⑧ 投資判断における留意点

投資対象を決定した後，収益還元法を重視して投資判断を行う。但し，地元で地域に精通しているかどうか等，他の定性的な判断材料も用いて総合的に投資判断したい。収益還元法では，価格＝純収益／還元利回りという公式（直接還元法）を用いるか，DCF（Discounted Cash Flow）法という手法を用いる。後者は，分析期間（通常は5年〜10年）を設定し，近未来の各期末の収益，費用のキャッシュフローを予測して，それぞれ割引期間に応じて現在価値に割り引くものである。

この収益，費用項目や還元利回りをそれぞれ他のベンチマークとの比較で検証することが必要である。特に，「利回り○○％」と言うとき，不動産鑑定評価では，上記公式の分子の純収益（Net Cash Flow）は，（総収益−総費用）を意味するが，実務ではこの分子の代わりに，運営純収益（Net Operating Income：大規模修繕費用やオーナーが受け入れた敷金・保証金などの運用益を考慮する前の収益）や，総費用差引前の総収益を使うことがある。このような場合には「還元利回り」の意味が大きく異なることに注意すべきである。計算式が異なっても，計算結果である収益価格は同じになるはずであるからである。

34 第Ⅰ部 概論編

　また，賃料，空室率などを妥当な範囲で変動させることによって，その結果の変動を分析するシミュレーション（感度分析）を行うことが望ましい。これによりキャッシュフローがマイナスになるリスク，あるいは，融資のコベナンツ（財務制限条項）に抵触するリスクを投資家としてとれるかどうかを確認する。

　さらに，遊休土地の有効活用においては，土地は所有者が最初から所有しているので，投資額に含めないで収支を検討する場合が多いが，一般投資家が行うように，土地，建物一体としての投資採算で投資の可否を判断することが望ましい。

4.　老朽化した貸家の課題

（1）　問題の所在

　老朽化した貸家の問題点としては，次の2つが考えられる。

①　大災害，事故による第三者への損害賠償責任の可能性

　老朽化した建物の最大のリスクは，地震，台風などによる災害により，テナントや通行人に死傷者が出るなどのリスクである。建物所有者は善管注意義務を問われ，損害賠償責任を負う可能性がある。そのため，建築基準法の耐震基準が改正された昭和56年（1981年）6月以前に建築確認を受けた建物は旧耐震建物と言われ，耐震性が劣るため，できれば耐震補強することが望まれる。

　また，行政により，大災害時の消防の妨げにならないように，木造建物密集地の道路拡幅のための立退きや，幹線道路沿いのビルで耐震基準を下回るものは耐震補強の実施を要請される。その工事費用が補強後の建物価値に見合わなければ，建物を取り壊すしかない。

② テナント立退きの際の正当事由，立退き料の問題

　普通借家契約（あるいは旧法借家契約）の場合，借地借家法によって借家人は強く守られている。これは借地の場合の借地人とほぼ同じ扱いである。家主に自己使用の事情があり，かつその事情が借家人より切実な場合（正当事由が一定以上大きい場合）でない限り，賃貸借期限が来ても借家人に立退きを求めることは難しい。正当事由の主張においては，貸主側の事情を補強する手段として立退料を用いることがある。立退料には，移転に伴う引越費用，仲介手数料，礼金等や残存する設備などの未償却部分に対する補償の意味がある。店舗の場合は，営業補償的な意味合いで支払われることもある。近年，建物老朽化，耐震性の問題により建て替えの必要性があるため，契約期間中でも借家人の立ち退きが裁判により認められる場合があるが，その際貸主側の事情を補強する手段として立退料が用いられる。

(2)　建替え等の時期判断の困難さ

　大規模災害時のみならず平時においても利用者，通行人に被害を及ぼす可能性が大きいときには，建築の専門家による建物診断を行ったうえで，今すぐ取り壊すか大規模修繕を実施するかの決断をしなければならない。次に，テナントとの契約内容を確認する必要がある。定期借家契約の場合は，期限後テナントは必ず立ち退く義務があり，立退料は通常生じないが，普通借家契約の場合は，立退き訴訟になり立退料が問題になりうる。また，オフィス，レジデンス，商業施設，ホテル，介護施設等，業種ごとのマーケット状況，建築費等の趨勢も考慮して，建替え後の事業収支を検討し，対象物件に最もふさわしい新しいテナント，事業者や事業形態を選定する必要がある。

　当該貸家を建築したときの先代オーナーから相続した現オーナー自身に建替えのノウハウがなく，決断が難しい場合は，建築士，弁護士，不動産コンサルタントなど専門家による建替え検討チームを組成し，中長期的に検討し続け，実際の建替え時期を判断することが望まれる。

　所有者による当該不動産の管理が困難な場合や思い入れが少ない場合などにおいては，その不動産を売却し，資産の入れ替えをすることも現実的な選択肢

36 第Ⅰ部 概 論 編

の1つに入る。

5. 借地権，底地，使用貸借の課題

（1） 借地権付建物，底地

　普通借地契約，旧法借地契約の場合，借地借家法により借地人は強く保護されているため，期限が来ても借地主の正当事由が認められない限り契約が終了することは少ない。但し，借地権者は借地権の譲渡や建替え等の際，譲渡承諾料，建替え承諾料等の一時金を地主に支払う必要がある[8]。その際もし地主の承諾が得られなければ，借地非訟事件として地主への金銭給付を引き換えに裁判所により代諾許可（地主の承諾に替わる承諾）が与えられる為，借地権には流通性があると言える（地上権の場合の借地権には，地主の承諾は不要）。但し，最近は高齢化した借地人を引き継ぐ息子や娘等がいない場合が多くなり，借地権者が自主的に借地権を返還するのを待っている地主も多い。

　一方，普通借地権，旧法借地権が付着している底地は，借地権者が地主へ借地権の返還を希望する場合や，借地人の契約違反がない限りは，永久に返ってこない土地であり，一般に利回りは高くない[9]。

（2） 借地権，底地の解消方法

　借地権，底地ともに，借地権付き建物，あるいは底地としてそのまま第三者に売却すると，売買価格はかなり低くなることが多く，それぞれを足しても完全所有権の価格を下回る。

　借地人または地主が相手方の権利を買い取り，完全所有化したうえで，第三者に売却することや，借地権と底地の交換（固定資産の交換の特例[10]）が選択肢としてある。また，借地権者，地主ともに，権利者が複数になると，次節6でとりあげる「共有不動産の課題」と同じ問題がある（図表2-3，2-4）。

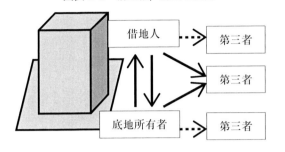

図表 2-3 借地権, 底地の売却

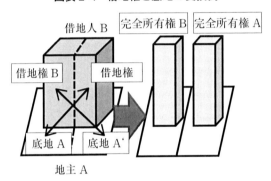

図表 2-4 借地権と底地の交換例

(3) 使用貸借

　使用貸借とは，借主が貸主から目的物を無償で借りて使用収益し，後にその目的物を貸主に返還する契約で，借地借家法の適用がない。親子，親戚間，親会社‐子会社間，会社‐社長間等で行われることが多い。但し，借主が公租公課相当額等，使用の対価でない低廉な金額を貸主に支払っていても使用貸借と認められる(民法593条, 595条)。借主の世代が替わったり，貸主が第三者に替ったりするときに問題が起こりやすい。建物所有目的の土地の使用貸借では，借地期間満了の際建物が存在しても土地を返還する義務があるが(民法597条①)，借地期間を決めていなかった場合には，借地期間は建物が朽廃するまでとされている（民法597条②③）。また，使用借権者の地位は相続できず，使用借権者が死亡すれば使用貸借は終了する。

　損失補償などの際においては，使用借権の価値は，借地権価格の3分の1,

更地価格の20%前後で認められる裁判例が多く（鵜野［2018］671頁），使用貸借にも価値が認められる場合があるが，権利としては弱い権利である。使用貸借が始まった当初の事情がなくなったとき問題になりやすいので，可能であれば事前に解消しておくほうが良い。なお，建物の使用貸借にも土地と同様の問題がある。

6. 共有不動産の課題

（1） 共有になるきっかけ

被相続人所有名義の不動産が，複数相続人（配偶者，子等）に相続された際に，相続申告期間内に相続人の一人の単独所有になるように遺産分割協議ができずに，そのまま相続分に応じて，各相続人が相続するケースがある。また，共働きの夫婦が，住宅ローンを組む際に2人分借りることができることや，売却する際にも譲渡益から3,000万円の特別控除を夫婦で2人分受けられることから共有にするケースがある。

（2） 共有不動産の民法上の扱い

共有不動産について，共有者は持分に応じて，使用，収益，処分の権利を持っている。共有不動産全体の処分行為は共有者全員の同意が必要である（民法251条）。但し，共有持分権者がその持分権を第三者あるいは他の共有持分権者に売却する場合は単独でできる（民法206条）。共有不動産の性質を変えない程度の利用行為あるいは改良行為は，共有者の持分価格の過半数で決定することができる（民法252条本文）。また，物理的な現状を維持し，他の共有者に不利益が及ばない行為は，各共有者単独でできる（民法252条但し書）。

（3）　共有不動産の問題点

共有不動産の問題点として，次の2点が考えられる。

①　共有者全員の同意が困難であること，世代交代，第三差への売却によるトラブル拡大

　共有者の一人に共有持分権の売却が必要になった際，その不動産を一体として完全所有権で売却しようとすると，共有者間の意見の相違や経済的状況の相違，共有者が行方不明，あるいは海外在住で手続きに時間と費用が掛かる場合等の理由で，他の共有持分権者の同意がすぐには得られないことが多くなる。また，相続1代目は，兄弟等お互いによく知った仲で，話し合いができる関係であるが，その子，孫の代になると，それぞれ面識のない共有者の数が増加し，しかもその配偶者の関係者も利害関係を持つようになって，トラブルがなくても時間が経てば経つほどますます合意形成が難しくなる。

　さらに，共有者の一人が転売目的の第三者に共有持分権を単独で売却した場合等においては，その売却価格は大幅な減価がありうることや，売却しなかった共有者も，その後そのような第三者である買受人と売買交渉をせざるを得なくなるという問題がある。

②　利用，収益の収受あるいは費用の負担面での不公平な実態

　別居しているが離婚できない状態で，共有者の一方だけがローンを払い続ける場合，共有者の一人が共有不動産を占有し使用中であるが，他の共有者に家賃相当額を支払っていない場合，賃貸している共有不動産（アパート）を管理している共有者が収益を分配してくれない場合，固定資産税などの共有不動産に関する負担に関して，共有者の一人が全額支払い他の共有者に負担額を請求したが，その義務を1年以内に履行しない場合（共有者は連帯納税義務者）等，のケースが考えられる。このような場合には，不法行為（民法709条），不当利得（民法703条）による損害賠償請求をすることができるが，手間がかかる。

（4） 共有にならないための対策およびトラブルの回避策

　共有不動産であることによるトラブルを避けるためには，相続前に被相続人により生前贈与，遺言，家族信託等によって単独の承継者を決めておくことが望ましい。また，やむを得ず共有になる場合には，共有者間で利用，管理，処分について，できるだけ書面にて合意し，共有者全員が署名，押印して証拠を作成しておくことが望まれる。

（5） 共有解消のための具体的対策

　共有の解消方法としては，物理的に共有者間で分ける現物分割，全部の持分を売却して代金を持分に応じて分配する代金分割，共有者の一人が持分を買い取る場合の代償分割・価格賠償，共有持分権の第三者へ売却（単独，または全員）等の方法がある。なお，共有者が，全員で敷地権を設定し，区分所有建物を建築して，そのユニットをそれぞれ所有する場合，しっかりした管理規約がある区分所有建物は，一般に流通性があるので，以上で述べた共有の問題は起こりにくい。

　その他，合意ではなく，裁判を申し立てて分割する方法がある［共有物分割請求訴訟（民法258条）］。また，共有物の管理負担義務を履行しない者の共有持分を，他の共有者が償金を支払って買い取ることを請求できる制度がある［共有持分買取権の行使（民法253条）］。これにより，負担義務を履行した共有者の求償権と履行しない共有者の共有持分権は相殺されうる。

7．　その他，空家問題等

　空家を放置していくと，知らない間に他人に占拠されて放火されたり，ネズミなどが配線をかじって火事になったりすることにより，他人の家に類焼を及ぼすリスクがある。また，台風などによって瓦や屋根，看板が飛んで，通行人などがけがをする場合がある。失火の場合，失火責任法では，原則不法行為責

任を定めた民法 709 条の損害賠償責任は適用されないが，重過失の場合は除かれる。重過失とは，わずかな注意さえすれば，たやすく違法，有害な結果を予見することができるのに，漫然とこれを見逃したり，著しく注意が欠けたりした状態を意味する。上記の場合も状況によっては重過失になり，所有者として責任を問われる可能性がある。

　空家に関しては，平成 26 年 11 月に空家対策特別措置法が成立した（平成 27 年 2 月施行）。市町村長は空家の実態調査し，所有者へ適切な管理の指導を行い，跡地についての活用を促進する。また，市町村は倒壊のおそれがある空家や著しく衛生上有害な空家など，適切に管理されていない空家を「特定空家」に指定して，助言・指導・勧告・命令ができる。これに所有者が従わない場合は，小規模宅地の固定資産税が 1/6 になる等の優遇措置がなくなるだけではなく，市町村は罰金を課したり，撤去などの行政代執行を行ったりすることができるようになった [11]。

【Review & Discussion】

①　保有する不動産は，事業承継時にどのように役立つか，法務問題，税務問題など事業承継時における大きな課題を踏まえて考えてみよう。

②　一般に，更地に貸家を建設することの，事業承継，相続上のメリット，デメリットを整理してみよう。

③　借地権付建物，底地，老朽化した建物（特に貸家），共有不動産等が，なぜ完全所有権化するのが難しいか，およびその解決法につき考察してみよう。

〈注〉

1) ファミリービジネスの定義については，本章では省略するが，中堅・中小企業が多いことからここではファミリービジネスのことを「中堅・中小企業」と呼びかえることがある。

2) 村木［2014］。

3) 平成 30 年度税制改正により事業承継税制は，10 年間の特例措置として適用要件が緩和され，抜本的に拡充された。この税制は，後継者である受贈者・相続人等が，円滑化法の認定を受けている非上場会社の株式等を贈与又は相続等により取得した場合において，その非上場株式等に係る贈与税・相続税について，一定の要件のもとその納税，納付が免除される制度である。経済産業省，中小企業庁《http://www.chusho.meti.go.jp/

42　第 I 部　概　論　編

zaimu/shoukei/2018/shoukei_manual_1.pdf》。

4) 相続対策には他に生命保険の利用，オーナーへの退職金支払い，資産管理会社設立，信託の活用等がある。

5) 2015 年を 100 としたとき 2045 年の人口は，全国 83.7，秋田県 58.8，青森県 63.0，東京都 100.7，沖縄県 99.6 と推計されている（国立社会保障・人口問題研究所『日本の地域別将来推計人口』2018 年 3 月推計）。

6) 賃貸不動産を信頼できる受託者に信託することによって，不動産のオーナーは管理運用を外部に委託しつつ，受益権として収益を得ることができる。不動産管理信託を設定すると，相続時には速やかに受益権が相続割合に応じて承継される。

7) 不動産オーナーから直接配偶者等へ青色事業専従者として給与を支払うことによっても所得は分散される。但し，その給与の額は，社会通念上その働きに応じて妥当である必要がある。

8) 譲渡承諾料（名目変更料）としては借地権価格の10％程度，建替承諾料としては更地価格の 10％程度が相場である。借地非訟事件での金銭給付においても同様の条件付きで裁判所から許可が与えられる。更新料の支払いは法的義務ではないが，契約で合意している場合有効で，概ね更地価格の 3-5％程度，更地価格の 5-10％ともいわれる。なお，地主が底地を第三者に売却するときには借地人の承諾は不要である。

9) 定期借地権付底地の場合，実質地代率は，住宅系一般借の場合 1.59％，民間事業用定借の場合は 4.89％程度である。第 3 回『定期借地権の地代利回りに関する実態報告書』平成 28 年 3 月（関東甲信不動産鑑定士協会連合会著）。

10) 国税庁 HPNo.3505「借地権と底地を交換したとき」参照。

11) 本章は，村木［2018］を，本書向けに変更，改定したものである。

〈参考文献〉

鵜野和夫〔2018〕『不動産の評価　権利調整と税務（改訂版）』清文社。

JP コンサルタンツ・グループ編著〔2016〕『不動産管理会社の設立・運営・移行』日本法令。

第一東京弁護士会法律相談運営委員会編著〔2015〕『実例弁護士が悩む不動産に関する法律相談』日本加除出版。

坪田晶子・江口正夫〔2015〕『老朽貸家・貸地問題（第三版）』清文社。

成田一正監修，JP コンサルタンツ・グループ編，高橋倫彦・石脇俊司〔2014〕『信託を活用したケース別　相続・贈与・事業承継対策』日本法令。

松原昌洙〔2017〕『あぶない!!共有名義不動産』幻冬舎。

三平聡史〔2017〕『共有不動産の紛争解決の実務』民事法研究会。

宮崎裕二〔2018〕『共有不動産の 33 の基本と 77 の重要裁判例』プログレス。

村木信爾〔2013〕「税理士による企業不動産コンサルティングサービス」*MBS　Review*，No.9。

村木信爾〔2014〕「組織における CRE 戦略の達成度を測るベンチマーク」*MBS　Review*，No.10, March。

村木信爾〔2018〕「中小企業の事業承継に資する不動産有効活用―借地権・底地，共有不動産，老朽化収益不動産等の課題」*MBS Review*, No. 14。

（村木信爾）

第3章

ファミリービジネスと事業承継関連税制

═ 本章のねらい ═

　ファミリービジネスが中心をなす中小企業の経営者の高齢化が進んでいる状況においては，事業経営を次世代へ円滑に承継できる環境を整備することが重要な問題と考えられることから，平成21年度税制改正により非上場株式等についての相続税の納税猶予及び免除の制度が設けられたところである（贈与税についても同様の制度が設けられた。以下，これらを「一般措置としての事業承継税制」という）。

　また，「日本経済の基盤である中小企業の円滑な世代交代を通じた生産性向上」（与党の平成30年度税制改正大綱）を目的として，平成30年1月1日から10年間の特例措置として事業承継税制の特例(以下,「特例措置としての事業承継税制」という）が創設された。この間は，一般措置と特例措置としての事業承継税制が併存することとなる。

　なお，個人事業者の事業用宅地等の事業承継に寄与する主要なものとしては，昭和58年に小規模宅地等についての相続税の課税価格の計算の特例が設けられ，令和元年に相続税等の納税猶予及び免除制度が創設されている。また，財産評価基本通達において取引相場のない株式（非上場株式）の評価方法が規程されており，実務上の指針であるだけではなく，事業承継においても事実上，重要な役割を担っている。このような税制度と会社法や民法等の仕組みが合わさって，事業承継制度が作られている。

キーワード

事業承継税制，納税猶予及び免除，非上場株式，小規模宅地等の相続税の課税価格，種類株式

1. 一般措置としての事業承継税制について

　ファミリービジネス（中小企業者）である会社の後継者である相続人又は受遺者（以下,「経営承継相続人等」という）が,経済産業大臣又は都道府県知事（平成29年4月から）の中小企業における経営の承継の円滑化に関する法律（以下,「円滑化法」という）の認定を受ける非上場会社（以下,「認定承継会社」という）の株式等を,相続又は遺贈により被相続人から取得した場合に適用される（贈与税についても同様である）。

　この特例の対象となる非上場株式等の数は,後継者となった者が事業を承継し,安定的に継続していくのに十分な水準（会社法の特別決議をしうる議決数）としての発行済株式等の総数の3分の2が上限とされている。そして,その非上場株式等に係る課税価格の80%（贈与税の場合は,100%）に対応する相続税額（贈与税額）が納税猶予される。軽減割合が80%とされたのは,課税上の公平性を確保するため個人の事業用宅地の課税価格に対する減額割合を考慮したものである。

（1）　非上場株式等についての相続税の納税猶予および免除

ア　認定承継会社の要件

　次のいずれにも該当する経済産業大臣又は都道府県知事の円滑化法の認定を受けた会社であること（措置法70条の7の2第2項第1号）

① 　非上場会社である中小企業者であること
② 　資産保有型会社又は資産運用型会社でないこと及び風俗営業会社でないこと

　　資産保有型会社とは,総資産総額（帳簿価額）等に対する特定資産（現金・預貯金・有価証券・絵画・工芸品・貴金属・宝石など）の合計額（帳簿価額）等の割合が70%以上となる会社をいう。

資産運用型会社とは，総収入金額に占める特定資産の運用収入の合計額が75％以上となる会社をいう。

（資産保有型会社等が3年以上にわたり商品の販売・資産の貸付・役務の提供等を行い，5人以上親族外従業員を雇用しているなどの場合は，除かれる。）

③ 常時使用する従業員が1人以上であること

④ 総収入金額が零を超えること（措置令40条の8の2第10項第1号）

⑤ 経営承継相続人等以外の者が，その会社の会社法108条第1項に規定する種類株式（拒否権付株式）を有していないこと

イ　経営承継相続人等の要件

次のいずれにも該当する相続人等であること（措置法70条の7の2第2項第3号）

① 相続開始の直前において，その会社の役員であったこと（措置規則23条の10第8項　被相続人が60歳未満で死亡した場合を除く。）

② 相続開始の日の翌日から5カ月を経過する日において，その会社の代表権を有していること

③ 相続開始の時において，経営承継相続人等及びその者と特別の関係がある者がその会社の総議決権数の50％超の議決権数を保有し，これらの者の中で経営承継相続人等が最も多くの議決権数を保有していること

④ 相続開始の時から申告書の提出期限まで引続きその会社の対象非上場株式等の全てを有していること

ウ　先代経営者である被相続人の要件

次のいずれにも該当する被相続人であること（措置令40条の8の2第1項）

① 相続開始前のいずれかの日において，その会社の代表権を有していたことがあること

② 相続開始の直前において，被相続人及びその者と特別の関係がある者がその会社の総議決権数の50％超の議決権数を保有し，かつ経営承継相続

人等を除いたこれらの者の中で最も多くの議決権数を保有していたこと（被相続人が相続開始の直前に代表権を有していなかった場合には，代表権を有していた期間のいずれかの日及び相続開始の直前において同様）

なお，平成30年1月1日からは，代表者以外の者から後継者に対する非上場株式等の相続・贈与についても納税猶予及び免除の対象とされている（措置令40条の8の2第1項第2号）。

エ　納税猶予分の相続税額（措置法70条の7の2第2項第5号）

納税猶予分の相続税額は，経営承継相続人等が対象非上場株式等のみを相続又は遺贈により取得するとした場合の相続税額から対象非上場株式等の20%に相当する非上場株式等のみを相続又は遺贈により取得するとした場合の相続税額を控除した残額に相当する金額とされている。

オ　納税猶予税額の全部又は一部が免除される場合（措置法70条の7の2第16項，第17項）

① 経営承継相続人等が死亡した場合（全部免除）

② 経営承継期間（相続税等の申告書の提出期限後5年）の経過後に，経営承継相続人等が納税猶予の適用を受けたその会社の対象非上場株式等を後継者に贈与し，その後継者が対象非上場株式等についての贈与税の納税猶予及び免除の適用を受ける場合（全部免除）

③ 経営承継期間内に経営承継相続人等が身体障害や要介護等のやむを得ない理由（措置規則23条の10第13項）により代表権を有しないこととなり，納税猶予の適用を受けたその会社の対象非上場株式等を後継者に贈与し，その後継者が対象非上場株式等についての贈与税の納税猶予及び免除の適用を受ける場合（全部免除）

④ 経営承継期間の経過後に，経営承継相続人等が納税猶予の適用を受けたその会社の対象非上場株式等の全部を譲渡した場合（その経営承継相続人等と特別の関係がある者以外の一定の者に対する譲渡の場合，又は民事再生法による再生計画に基づきその会社の非上場株式等を消去するために行う場合，会社更生法による更生計画に基づきその会社の非上場株式等を消

第3章　ファミリービジネスと事業承継関連税制　47

去するために行う場合に限る。）

　　この場合，猶予中相続税額から譲渡等をした対象非上場株式等の時価相
当額（譲渡等の対価の方が大きい場合には譲渡等の対価）及びその譲渡等
以前5年以内に経営承継相続人等に支払われた剰余金の配当等の額等の合
計額を控除した金額が免除される。

⑤　経営承継期間の経過後に，認定承継会社について破産手続開始の決定又
は特別清算開始の命令があった場合

　　この場合，猶予中相続税額から解散前5年以内に経営承継相続人等に支
払われた剰余金の配当等の額等を控除した金額が免除される。

⑥　経営承継期間の経過後に，認定承継会社が合併により消滅した場合，認
定承継会社が株式交換等により他の会社の株式交換完全子会社等となった
場合（いずれも他の会社が特別の関係のある者以外であり，他の会社から
株式等の交付がない場合に限る。）

　　この場合，猶予中相続税額から合併等の直前における対象非上場株式等
の時価相当額及びその合併等以前5年以内に経営承継相続人等に支払われ
た剰余金の配当等の額等の合計額を控除した金額が免除されることとされ
ている。

<u>カ　経営承継期間内における納税猶予期限の到来事由(措置法70条の7の2第3項)</u>

①　経営承継相続人等が認定承継会社の代表権を有しないこととなった場合
（やむを得ない理由がある場合を除く。）

②　認定承継会社の各基準日における常時使用従業員の数の合計を基準日の
数で除して計算した数（雇用数の平均）が8割を下回った場合

③　経営承継相続人等及びその者と特別の関係のある者が有する認定承継会
社の議決権数の合計が総議決権数の50％以下となった場合

④　経営承継相続人等が対象非上場株式等の一部ないし全部の譲渡等した場
合

⑤　認定承継会社が資産保有型会社又は資産運用型会社あるいは風俗営業会
社に該当することとなったこと

48　第Ⅰ部　概　論　編

⑥　認定承継会社の事業年度における総収入金額が零となったこと
⑦　認定承継会社の株式等が非上場株式等に該当しないこととなった場合
⑧　認定承継会社が解散をした場合又は会社法等により解散をしたものとみなされた場合
⑨　認定承継会社が合併により消滅した場合（適格合併をした場合を除く。）

　　なお，適格合併の場合において，吸収合併存続会社等の株式等以外の金銭その他の資産の交付を受けた場合には，それに対応する部分について期限が到来することとなる（措置法70条の7の2第4項）。
⑩　認定承継会社が株式交換等により他の会社の株式交換完全子会社等となった場合（適格交換等をした場合を除く。）

　　なお，適格交換等の場合において，他の会社の株式交換完全子会社等となった場合の他の株式等以外の金銭その他の資産の交付を受けた場合には，それに対応する部分について期限が到来することとなる（措置法70条の7の2第4項）。

キ　経営承継期間後における納税猶予期限の到来事由(措置法70条の7の2第5項)

　経営承継期間後において，以下のような対象非上場株式等の譲渡といった事実や租税回避につながりかねない一定の事実が生じた場合については，期限が到来することとされている。
①　経営承継相続人等が対象非上場株式等の全部の譲渡等した場合
②　経営承継相続人等が対象非上場株式等の一部の譲渡等した場合
譲渡等をした対象非上場株式等に対応する部分について，納税猶予期限が到来することとされている。
③　認定承継会社が資産保有型会社又は資産運用型会社に該当することとなった場合
④　上記カの⑥及び⑧に該当する場合
⑤　認定承継会社が合併により消滅した場合（吸収合併存続会社等の株式等の価格に対応する部分を除く。）
⑥　認定承継会社が株式交換等により他の会社の株式交換完全子会社等と

第3章　ファミリービジネスと事業承継関連税制　49

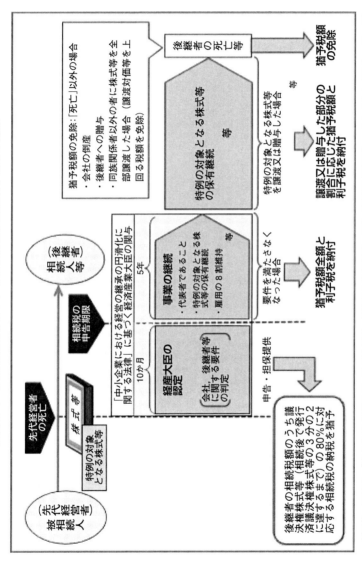

図表3-1　非上場株式等についての相続税の納税猶予および免除

(出所)　国税庁「非上場株式等についての贈与税・相続税の納税猶予・免除(事業承継税制)のあらまし」(平成27年9月)より。

＊平成29年4月からは、経産大臣の認定は、都道府県知事の認定となっている。

50 第 I 部 概 論 編

なった場合（他の会社の株式等の価格に対応する部分を除く。）

⑦　認定承継会社が会社分割をし，吸収分割承継会社等の株式等を配当財源とする剰余金の配当があった場合

　上記⑤や⑥のように組織再編（吸収合併・新設合併又は株式交換・株式移転）に伴い，経営承継相続人等が存続会社又は他の会社の株式等を保有することにより実質的には認定承継会社の株式等を引き続き保有しているのと同視しうる場合には，その部分については，納税猶予は継続されることとされている。

（2）　非上場株式等についての贈与税の納税猶予および免除

　贈与税の納税猶予および免除の制度については，将来，贈与者が死亡した際に相続税で調整することを前提に，贈与時には，非上場株式等に係る贈与税の全額を納税猶予とし，贈与者の死亡時（相続開始時）には，その株式等の贈与時の時価でもって相続財産として合算するとともに受贈者（後継者）が会社を経営していると認められる場合には，その非上場株式等の課税価格の80％に対応する相続税の納税を猶予する仕組みとされている。

ア　認定贈与承継会社の要件

　上記（1）アと同様の要件（措置法70条の7第2項第1号　措置令40条の8第10項）

イ　経営承継受贈者の要件

次のいずれにも該当する受贈者であること（措置法70条の7第2項第3号）

①　贈与の日において20歳以上（令和4年4月からは，18歳）であること

②　贈与時にその会社の代表権を有していること

③　贈与時に経営承継受贈者及びその者と特別の関係がある者がその会社の総議決権数の50％超の議決権数を保有し，これらの者の中で経営承継受贈者が最も多くの議決権数を保有していること

④　贈与の日まで3年以上にわたりその会社の役員であること

認定贈与承継会社で3年以上役員であることにより会社内外で次の後継者としての地位や信用が築かれると考えられ，計画的な事業承継の観点から必要とされている。

⑤　贈与時から申告書の提出期限まで引き続きその会社の株式等のすべてを有していること

ウ　先代経営者である贈与者の要件

次のいずれにも該当する贈与者であること（措置令40条の8第1項）

①　贈与時前においてその会社の代表権を有していたこと

②　贈与時においてその会社の代表権を有していないこと

③　贈与の直前において贈与者及びその者と特別の関係がある者がその会社の総議決権数の50％超の議決権数を保有し，かつ贈与者が経営承継受贈者を除きこれらの者の中で最も多くの議決権数を保有していたこと

なお，平成30年1月1日からは，代表権を有していた贈与者以外からの後継者に対する非上場株式等の贈与についても納税猶予及び免除の対象とされている（措置令40条の8第1項第2号）。

エ　納税猶予分の贈与税額（措置法70条の7第2項第5号）

対象受贈非上場株式等の価額を，経営承継受贈者に係るその年分の贈与税の課税価格とみなして計算した金額が，納税猶予分の贈与税額である。

オ　納税猶予税額の全部又は一部が免除される場合（措置法70条の7第16項，第17項）

①　贈与者の死亡時以前に経営承継受贈者が死亡した場合（全部免除）

②　贈与者が死亡した場合（全部免除）

　　（贈与税の納税猶予及び免除の適用を受けた非上場株式等については，相続又は遺贈によって取得したものとみなされることとされている。）

③　経営贈与承継期間の経過後に対象受贈非上場株式等を後継者に贈与し，その後継者が対象受贈非上場株式等について贈与税の納税猶予及び免除の

52 第Ⅰ部 概 論 編

　適用を受ける場合（全部免除）

④　前記(1)オ④と同様の要件の場合

⑤　前記(1)オ⑤と同様の要件の場合

⑥　前記(1)オ⑥と同様の要件の場合

カ　経営贈与承継期間期間内における納税猶予期限の到来事由(措置法70条の7第3項)

①　前記(1)カ①と同様の事由の場合

②　前記(1)カ②と同様の事由の場合

③　前記(1)カ③と同様の事由の場合

④　前記(1)カ④と同様の事由の場合

⑤　前記(1)カ⑤と同様の事由の場合

⑥　前記(1)カ⑥と同様の事由の場合

⑦　前記(1)カ⑦と同様の事由の場合

⑧　前記(1)カ⑧と同様の事由の場合

⑨　前記(1)カ⑨と同様の事由の場合

　　なお，適格合併の場合において，吸収合併存続会社等の株式等以外の金銭その他の資産の交付を受けた場合には，それに対応する部分について期限が到来するのは，相続税の場合と同様である（措置法70条の7第4項）。

⑩　前記(1)カ⑩と同様の事由の場合

　　なお，適格交換等の場合において，他の会社の株式交換完全子会社等となった場合の他の株式等以外の金銭その他の資産の交付を受けた場合には，それに対応する部分について期限が到来するのは，相続税の場合と同様である（措置法70条の7第4項）。

⑪　贈与者が認定贈与承継会社の代表権を有することとなった場合

キ　経営贈与承継期間後における納税猶予期限の到来事由(措置法70条の7第5項)

　相続税の場合と同様に経営贈与承継期間後において，以下のような対象非上場株式等の譲渡といった事実や租税回避につながりかねない一定の事実が生じた場合については，期限が到来することとされている。

① 前記(1)キ①と同様の事由の場合

② 前記(1)キ②と同様の事由の場合

　　譲渡等をした対象受贈非上場株式等に対応する部分について，納税猶予期限が到来することとされている。

③ 前記(1)キ③と同様の事由の場合

④ 前記(1)キ④と同様の事由の場合

⑤ 前記(1)キ⑤と同様の事由の場合

⑥ 前記(1)キ⑥と同様の事由の場合

　　前記(1)キ⑤や⑥のように組織再編（吸収合併・新設合併又は株式交換・株式移転）に伴い，経営承継受贈者が存続会社又は他の会社の株式等を保有することにより実質的には認定贈与承継会社の株式等を引き続き保有しているのと同視しうる場合には，その部分については，納税猶予は継続されることとされている。

2. 新事業承継税制について

　平成 30 年 1 月 1 日から 10 年間の時限立法として創設された新事業承継税制（非上場株式等についての相続税等の納税猶予及び免除の特例）を適用するには，平成 30 年 4 月 1 日から平成 35 年 3 月 31 日までの間に，特例承継計画を都道府県に提出し，円滑化法に基づき特例認定承継会社として都道府県知事の認定を受ける必要がある。

　特例承継計画とは，認定経営革新等支援機関（中小企業等経営強化法 21 条に基づいて認定された税理士，公認会計士等）の指導及び助言を受けた特例認定承継会社が作成した計画であって，特例認定承継会社の後継者や承継時までの経営見通し等が記載されたものをいう。

　新事業承継税制は，平成 30 年 1 月 1 日から 10 年間は，現行事業承継税制と併存することとなるが，改正（創設）された部分以外については，現行事業承

54 第Ⅰ部 概 論 編

継税制の要件と同様とされている（措置法70条の7の5〜70条の7の8）。

（1） 納税猶予対象株式等の制限の撤廃

特例後継者が特例認定承継会社の代表権を有していた者から贈与又は相続等によりその会社の非上場株式等を取得した場合には，取得した全ての非上場株式等に係る課税価格に対応する贈与税又は相続税の全額について納税が猶予される（措置法70条の7の5第1項）。

現行事業承継税制では，納税猶予の対象は，発行済議決権株式等の3分の2までとされている。また，納税猶予される相続税額の割合は，80％とされている。

（2） 後継者の要件の拡大

特例後継者とは，特例認定承継会社の特例承継計画に記載されたその会社の代表権を有する後継者(同族関係者と合わせて総議決権数の過半数を有する者)であって議決権数の上位3名までの者（総議決権数の10％以上を有する者）をいう（措置法70条の7の5第2項第7号）。

現行事業承継税制での後継者は，1人に限定されている。

（3） 代表者以外からの承継への拡大

特例後継者が，その会社の代表者以外の者から特例認定承継会社の非上場株式等を承継する場合であっても特例承継期間である5年内にその承継に係る申告書の提出期限が到来するものであれば対象とされる（措置令40条の8の6第1項第2号）。

現行事業承継税制では，代表者であった者からの承継に限定されていた。

（4） 雇用確保要件の弾力化

現行事業承継税制における雇用確保要件（事業承継後5年間平均で雇用の8割を維持）を満たさない場合であっても，以下のような措置を取ることにより納税猶予の期限は確定しないとされている（措置法70条の7の6第3項）。

① 雇用確保要件が満たせない理由を記載した書類（認定経営革新等支援機関の意見が記載されているものに限る。）を都道府県に提出すること
② ①の理由が経営状況の悪化である場合又は正当なものと認められない場合には，認定経営革新等支援機関の指導及び助言を受けて，その内容を提出書類に記載すること

(5) 経営環境の変化に対応した減免措置

経営環境の変化を示す一定の要件を満たす場合（前3年間の事業年度のうち2年以上赤字であるなど）において，特例経営承継期間（特例制度に係る贈与税又は相続税の申告書の提出期限後5年）の経過後に，①その会社の非上場株式等を譲渡した時，②その会社が合併により消滅した場合，③その会社が株式交換等により他の会社の株式交換完全子会社等となった場合，④その会社が解散した場合には，経営承継時における納税猶予税額と非上場株式等の譲渡時に

図表 3-2　新事業承継税制

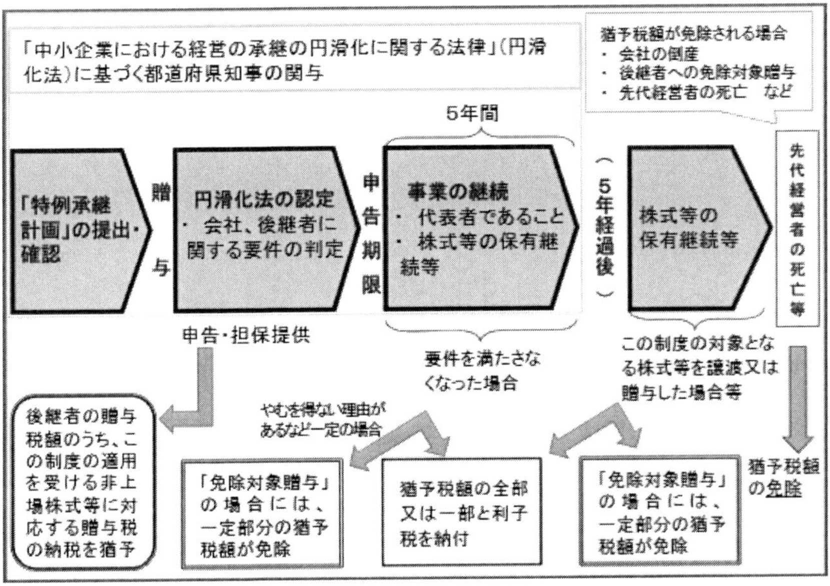

（出所）　国税庁　「非上場株式等についての贈与税・相続税の納税猶予・免除（事業承継税制）のあらまし」（平成30年4月）より。

56 第 I 部 概 論 編

おける再計算した税額との差額が免除される（措置法 70 条の 7 の 6 第 13 項）。

3. 小規模宅地等についての相続税の課税価格の計算の特例

（1） 制度の趣旨

個人事業者等の事業の用又は居住の用に供する宅地等については，それが相続人等の生活基盤の維持に不可欠なものであること，特に，事業用宅地については，事業が雇用の場であるとともに取引先等と密接に関連している等事業主以外の多くの者の社会的基盤となっていること，また，その処分に相当の制約を受けることに配慮し，昭和 58 年にこの特例が創設された。

（2） 特例対象者

相続又は遺贈により特例対象宅地等を取得した個人（措置法 69 条の 4 第 1 項）

（3） 特例対象宅地等の要件

以下のすべての要件に該当すること（措置法 69 条の 4 第 1 項）

① 相続又は遺贈により取得した財産であること（贈与（相続時精算課税制度を含む）により取得した財産は，対象とならない。）

② 建物又は構築物の敷地の用に供されているものであること（措置法規則 23 条の 2）

③ 棚卸資産及びこれに準ずる資産に該当しないものであること（措置法令 40 条の 2 第 4 項）

④ 相続開始の直前において被相続人又はその被相続人と生計を一にしていたその被相続人の親族の事業の用又は居住の用に供されていた宅地等であること（措置法 69 条の 4 第 1 項）

（居住の用に供することができない事由として政令で定める事由には，相続開始の直前においてその被相続人の居住の用に供されていなかった場合（老人ホームに入居など）を含む（措置法令40条の2第2項)。）

(4) 特例対象宅地等の範囲

ア 特定事業用宅地等（措置法69条の4第3項1号）

被相続人等の事業（不動産貸付業，駐車場業，自転車駐車場業等を除く。）の用に供されていた宅地等で被相続人の親族が相続・遺贈により取得し，事業の用に供していること

イ 特定居住用宅地等（措置法69条の4第3項2号）

被相続人の居住の用に供されていた宅地等で，その被相続人の配偶者又は親族（同居親族，家屋を有しない親族，生計を一にする親族）が相続・遺贈により取得したもの

ウ 特定同族会社事業用宅地等（措置法69条の4第3項3号）

相続開始の直前に被相続人及びその被相続人の親族その他被相続人と特別の関係がある者が有する株式の総数等がその株式等に係る法人の発行済株式の総数等の10分の5を超える法人の事業の用に供されていた宅地等で被相続人の親族が相続・遺贈により取得し，その法人の事業の用に供されていること

エ 貸付事業用宅地等（措置法69条の4第3項4号）

被相続人等の貸付事業（不動産貸付業，駐車場業，自転車駐車場業等）の用に供されていた宅地等で，被相続人の親族が相続・遺贈により取得し，事業の用に供していること

58 第Ⅰ部 概 論 編

(5) 特例対象宅地等の限度面積要件及び課税価格に算入する割合（措置法69条の4第1項，第2項）

ア　特定事業用宅地等及び特定同族会社事業用宅地等の限度面積要件は，400㎡とされている。課税価格に算入する割合は，20％とされている（課税価格は，80％の減額となる）。

イ　特定居住用宅地等の限度面積要件は，330㎡とされている。課税価格に算入する割合は，20％とされている（課税価格は，80％の減額となる）。

ウ　貸付事業用宅地等の限度面積要件は，200㎡とされている。課税価格に算入する割合は，50％とされている（課税価格は，50％の減額となる）。

4. 個人事業者の事業用資産に係る相続税等の納税猶予及び免除制度の創設

　平成31年3月27日，平成31年度税制改正が成立し，平成31年1月1日から10年間の時限立法として，個人事業者の事業用資産についても非上場株式等に係る新事業承継税制と同様の相続税等の納税猶予及び免除制度が創設された（措置法70条の6の8〜70条の6の10）。

(1) 個人事業者の事業用資産に係る相続税の納税猶予及び免除制度の創設

ア　概　　要

　特例事業相続人等が，平成31年1月1日から平成40年12月31日までの間に，相続・遺贈により特定事業用資産を取得し，事業を継続していく場合には，特定事業用資産の課税価格に対応する相続税の納税が猶予される。

　特例事業相続人等とは，個人事業承継計画に記載された後継者であって，中小企業における経営の承継の円滑化に関する法律の規定による認定を受けた者であり，特定事業用資産に係る事業を引き継ぎ申告書の提出期限まで特定事業用資産の全てを有し，自己の事業の用に供している等の条件を満たす者をいう。

特定事業用資産とは，被相続人の事業（不動産貸付事業等を除く。）の用に供されていた土地（面積 400㎡まで），建物（床面積 800㎡まで）及び建物以外の減価償却資産（固定資産税，営業用として自動車税若しくは軽自動車税の課税対象となっているものなど）で青色申告書に添付される貸借対照表に計上されているものをいう。

イ　納税猶予税額の計算

納税猶予税額の計算方法は，非上場株式等についての相続税の納税猶予及び免除の特例と同様とされている（措置法 70 条の 6 の 10 第 2 項第 3 号）。

ウ　納税猶予税額の免除

（ア）　以下の場合には，納税猶予税額が全額免除される（措置法 70 条の 6 の 10 第 15 項）。

① 　特例事業相続人等がその死亡の時まで特例事業用資産を保有し，事業を継続した場合

② 　特例事業相続人等が一定の身体障害者に該当した場合

③ 　相続税の申告期限から 5 年経過後に，次の後継者へ特例事業用資産を贈与し，その後継者がその特例事業用資産について贈与税の納税猶予制度の適用を受ける場合

（イ）　以下の場合には，非上場株式等についての相続税の納税猶予及び免除の特例に準じて納税猶予税額の一部が免除される（措置法 70 条の 6 の 10 第 17 項, 第 18 項）。

① 　同族関係者以外の者へ特例事業用資産を一括して譲渡する場合及び民事再生法の限定による再生計画のため譲渡等をした場合

② 　特例事業相続人等について破産手続開始の決定があった場合

③ 　経営環境の変化を示す一定の要件を満たす場合において，特定事業用資産の同族関係者以外への一括譲渡又は特例事業用資産に係る事業の廃止をするとき

60 第 I 部 概 論 編

（2） 個人事業者の事業用資産に係る贈与税の納税猶予及び免除制度の創設

特例事業受贈者が，平成 31 年 1 月 1 日から平成 40 年 12 月 31 日までの間に，贈与によりその事業に係る特定事業用資産のすべてを取得し，事業を継続していく場合には，特定事業用資産の課税価格に対応する贈与税の納税が猶予される。

納税猶予税額の免除等については，相続税の納税猶予及び免除制度と同様とされている。

なお，特例事業受贈者とは，中小企業における経営の承継の円滑化に関する法律の規定による認定を受けた 20 歳以上（令和 4 年 4 月以降は，18 歳）である者等の条件を満たす者とされている。

5. 民法の特例や会社法等の利用による事業承継

（1） 経営承継円滑化法（中小企業における経営の承継の円滑化に関する法律）の活用（民法の特例）

事業用資産や自社株式（多くは，非上場株式等）を生前贈与（民法 549 条），遺言（民法 960 条以下），遺留分の事前放棄（民法 1043 条）などの利用により後継者に集中させることもできるが，一定の中小企業の代表者である者，あるいは，あった者が推定相続人たる後継者（合意日において，代表者であるもの）に対し，その中小企業の株式を生前贈与した場合には，推定相続人全員の合意により遺留分に関する民法の特例を利用することができる。

ア　生前贈与財産の遺留分算定の基礎財産からの除外（除外合意）

後継者と非後継者は，後継者が経営者から生前贈与等によって取得した自社株式について，遺留分算定の基礎財産に算定しないという合意をすることができる（経営承継円滑化法 4 条 1 項 1 号）。

イ　生前贈与財産の遺留分算定の基礎財産に算入する際の価額の固定（固定合意）

　後継者と非後継者は，後継者が経営者から生前贈与等によって取得した自社株について，遺留分算定の基礎財産に算入する価額を合意時点の価額とすることを合意することができる（経営承継円滑化法4条1項2号）。

　民法特例の適用を受けるためには，推定相続人全員の書面による合意が必要である。また，その合意後1カ月以内に後継者は，経済産業大臣の確認が必要であり，確認から1カ月以内に家庭裁判所に許可を申し立てなければならない。

(2)　会社や後継者による他の株主（相続人）からの株式の買取り

ア　後継者による他の株主（相続人）からの株式の買取り（後継者が株式を買取るための会社を設立して行う場合もある。合意ができるか，資金が集められるかが問題）。

イ　会社による後継者以外の他の株主（相続人）からの株式の買取り。株主総会において取得する株式の数，株式取得と引換えに交付する金銭等をあらかじめ決議しておく必要がある（会社法156条）。

(3)　会社法による種類株式の活用

　株式会社は，内容の異なる2以上の種類の株式を発行することができるとされており（会社法108条），事業承継に対応する手段として以下のような種類株式を利用することができる（種類株式の評価については，「相続等により取得した種類株式の評価について」参照）。

　なお，親族に対する事業承継ではないが，事業継続等のため組織再編等（合併，会社分割，株式交換・株式移転，事業譲渡）の手法等が取られることもある。

ア　議決権制限株式

　会社法108条1項3号により「株主総会において議決権を行使することがで

きる事項」について異なる定めをした内容の異なる種類の株式を発行しうる。例えば，議決権制限株式（株主総会での議決権の全部又は一部が制限されている株式）を活用して，後継者に議決権を集中させることができる。

イ　株式の譲渡制限

会社法108条1項4号により「譲渡による当該種類の株式の取得について当該株式会社の承認を要すること」とする種類の株式を発行しうる。株式の取得について株式会社の承認を要することにより後継者（場合によってはその関係者）以外の者に株式が譲渡される事がないようにすることができる。

ウ　会社による後継者以外の他の株主（相続人）からの取得（取得条項付株式）

会社法108条1項6号により「当該種類の株式について，当該株式会社が一定の事由が生じたことを条件としてこれを取得することができる」とする種類の株式を発行しうる。

エ　全部取得条項付株式

会社法108条1項7号により「当該種類の株式について，当該株式会社が株主総会の決議によってその全部を取得すること」とする種類の株式を発行しうる。全部取得条項付株式の対価として少数株主には普通株式の端数株式のみが割り当てられるようにし，端数株式を競売等により売却することによって少数株主を除くことができることとなる。

オ　拒否権付株式（黄金株）

会社法108条1項8号により「株主総会において決議すべき事項のうち，当該決議のほか，当該種類の株式の種類株主を構成員とする種類株主総会の決議があることを必要とするもの」とする種類の株式を発行しうる。後継者へ拒否権付株式を発行することにより，後継者は，重要事項について拒否権を行使することができるようになるので実質的に経営権を持つことができる。

第3章　ファミリービジネスと事業承継関連税制　63

【Review & Discussion】

① 相続開始前において，事業承継に関し留意すべき事項は何か考えてみよう。

② 相続開始後において，事業承継に関し留意すべき事項は何か考えてみよう。

③ 親族外承継の手法とそれに伴う税制上の効果について，検討してみよう。

〈参考文献〉

江頭憲治郎［2017］『株式会社法（第7版）』　有斐閣

大蔵財務協会編［2009］『改正税法のすべて（平成21年版）』　大蔵財務協会。

大蔵財務協会編［2013］『改正税法のすべて（平成25年版）』　大蔵財務協会。

大蔵財務協会編［2017］『改正税法のすべて（平成29年版）』　大蔵財務協会。

大蔵財務協会編［2018］『改正税法のすべて（平成30年版）』　大蔵財務協会。

神田秀樹［2018］『会社法（第20版）』　弘文堂。

中小企業庁［2016］「事業承継ガイドライン」年。

日本公認会計士協会［2009］「租税調査会研究報告第19号」。

日本税理士会連合会監修［2018］「新税制対応事業承継対策ガイドライン」『税理』61巻5号，
　　ぎょうせい。

（廣木準一）

64 第Ⅰ部 概 論 編

第4章

ファミリービジネスにおける資本増強の視点

━ 本章のねらい ━━━━━━━━

　日本のファミリービジネスの健全な発展と競争力の向上には，資本強化は必要である。資本強化に際して，ファミリーの資金だけではなく，外部資金の導入も重要な選択肢である。そのために，ファミリー側は，外部投資家のことをよく理解し，円滑なコミュニケーションをとることは不可欠である。

　外部投資家がファミリービジネスをどう捉え，リスクやその対価をどう考えるのか。本章は，ファミリービジネスから生み出される収益や価値（効用）に対するファミリー側と外部投資家の認識のずれについて，プリンシパル・エージェント理論，社会情緒資産理論，資源ベース理論を軸に整理して解説を試みる。

　このファミリー側と外部投資家の認識の不一致，利益の不一致の解決には，互いに理解し合うことはもちろん大切であるが，新株予約権，種類株式，議決権等の権利の価値の細分化等のファイナンス的考え方やツールの応用も可能である。ファミリービジネスの外部資本導入において，これらのファイナンス的ツールの可能性を紹介する。

　2004年頃から，日本の不動産市場に多くのJ-REIT資金が流入し，その結果，不動産市場は長年の低迷から脱出した。資金が不動産市場にうまく流れた背景の1つは，外部投資家のニーズを理解しようとする不動産側の努力があった。ファミリービジネスの資本強化においても，ファミリー側が外部投資家を理解する努力も大事である。

■ キーワード

　資本増強，エージェンシーコスト，社会情緒資産，資源ベース理論，資本収益率，種類株

1. はじめに

　みずほ総研〔2013〕によると，日本の中小企業が直面している実体面の問題としては，売上不振と起業・イノベーション活動の低迷である。人口減少やデフレを背景とした市場規模の縮小による売上不振，その結果としての収益力悪化に加え，日本の中小企業は国際的に競争力が低下している。競争力の回復や向上には，新市場開拓や新規事業への参入は不可欠であるが，それを生み出す起業活動やイノベーション活動は長期間にわたって低調で，OECD 諸国の中で，最も低い水準にある。5 年前のレポートであるが，今も状況は同じである。中小企業は，基本的にファミリービジネスであり，これらの問題は，日本のファミリービジネスが直面している問題でもある[1]。

　中小企業，ファミリービジネスが直面している金融面の問題は，過小資本である。過小資本とは，企業が背負っているリスクに対する備えとしての資本が不十分な状態である。これに対して，金融機関や外部投資家の支援が求められるが，実際，金融機関のサポートが十分ではないと思われ，プライベートエクイティファンドやベンチャーキャピタル等の外部投資家からの出資が少ないのが現状である。過小資本の結果，企業は本格的な技術開発や新規事業投資に手を出せない。これは，実体面の起業・イノベーション活動の低迷の原因でもある。実力を持つ企業は多くある中，この金融的問題は，企業の将来性に対して，重大な影響を与えている。

　この金融面の問題について，よく銀行等の金融機関の責任を問われる。しかし，銀行資金の元は預金であり，預金の安全性を考えると過小資本の会社への過度な貸出はできない。問題の本質的解決は，会社自身の資本増強である。良い会社なのに，お金が集まらない，という話はよく聞くが，お金が集まらない原因は，金融機関や投資家側の姿勢にも問題があると思われるが，企業側の事情によるものも少なかろう。金融機関や投資家は何を心配しているのか，リスクやリスクの対価をどう考えているのか。企業側は投資家の事情を十分に理解

66　第Ⅰ部　概　論　編

し，あるいは理解をしようとしているのか。ファミリービジネスの資本増強に外部投資家の資金が不可欠であるとすれば，企業側が投資家を理解し，投資家と円滑なコミュニケーションをする努力が重要である。

　2004年頃から，多くのJ-REIT資金が不動産市場に流入し，その結果，不動産市場は長年の低迷から脱出した。その時と前後して，不動産業界から多くの学生がビジネススクールで金融を勉強し始めた。その理由を聞くと，金融側の考え方を理解しないと資金がうまく入ってこない，との答えが多かった。J-REIT資金が不動産にうまく流れた背景の1つは，投資家を理解しようとする不動産側の努力があった。ファミリービジネスの資本強化も同じである。

　投資家はファミリービジネスをどう見ているか，本章は，エージェンシーコスト，非財務的効用，社会情緒資産の切り口から整理してみる。

2.　支配権とエージェンシーコスト

(1)　経営支配権

　ファミリービジネスは，一族（以下ファミリー）が所有し，経営に対して実質的な支配権を行使する企業形態を指す。支配権の確立は，議決権による支配と経営陣による支配がある。議決権による支配は，ファミリーが企業の株式を一定比率以上保有し，主要株主として間接的に関与する。経営陣による支配は，ファミリーから社長や役員を出すことで，経営に直接関与する。社長役員の指名権も，議決権に基づくものなので，支配権の本質は，議決権である。議決権による支配の強さは，基本的に議決権の数量と対応する。例えば，100%の議決権による完全支配権[2]，2/3以上の議決権による絶対支配権[3]，1/2以上の議決権による経営権[4]，1/3以上の議決権による拒否権[5]，のように大よそな分類ができる。

　上場大企業の場合，株主が分散されている。分散株主がそろってファミリー

と対立する可能性が小さいため，ファミリーが1/3以下の議決権を持っても，実質的支配権が確立できると考えられる。海外では，10％〜20％の議決権をファミリー支配の目安（入山・山野〔2014〕）としているが，日本の場合，10％前後を目安としている（竹内〔2015〕）。

　ファミリービジネスの中小企業の場合，株主は分散していないため，確実な議決権の確保は，ファミリーにとって最重要である。社長や役員のポストを押さえ，経営を仕切ることを考えれば，経営権の把握，1/2以上の議決権は目安である。100％出資で企業を完全支配するのも1つの選択肢であるが，51％の出資でレバレッジを利用して，外部資本を利用して資本増強を効率的に実現するのもよい選択である。

　また，持ち株会社や投資会社を利用すると，51％の議決権は必ずしも51％の出資を必要としない。例えば，図表4-1において，直接出資をする場合，企業Aの絶対支配には67％の出資，企業Bの経営権取得には51％の出資が必要であるが，持ち株会社を利用すると，67％×67％＝45％の出資で企業Aの絶対支配権，67％×51％＝34％の出資で企業Bの経営権を取得する。

図表4-1　持ち株会社による支配構造

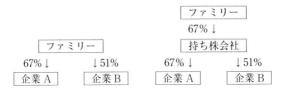

　より多層的階層的構造は，外国ではよく見かける。上原美鈴〔2005〕によると，香港の有名なファミリービジネスにおいて，この階層は3から5がある。この構造を利用すると，ファミリーは少ない資本で企業を支配することができ，限られている自己資本で支配権を維持しながら，効率的に外部資本を導入し，事業を拡大することができる。

（2）　エージェンシーコスト

ファイナンス理論では，株主と経営者の関係をプリンシパル・エージェント理論で説明する。経営者がエージェント（代理人）で，株主（プリンシパル，依頼者）の依頼を受けて経営活動を行うと考える。両者の利益が一致しないため，経営者は株主の利益だけではなく，時には自分自身の利益を考えて行動する。例えば，豪華な社用車やオフィス，必要以上の福利厚生構成など，株主にとって不利益なこともする。このプリンシパル・エージェント関係から生み出される不都合・コストはエージェンシーコストという。所有と経営が分離される場合，この経営者と株主間のエージェンシーコストの低減は重要である。

ファミリービジネスにおいて，ファミリーが100％の株式を所有し，経営者を出していれば，経営と所有が一致し，エージェンシーコストが発生しない。これは，ファミリービジネスの優位性の1つとされている。しかし，ファミリーが株式を完全所有していなければ，支配権を持つファミリーと他の株主，例えば外部投資家との間に，ある意味では，不平等な関係が存在する。ファミリーが経営陣を出していれば，実際のオペレーションを通じて，ファミリーに超過収益を供与することが可能である。ここで，この超過収益をオペレーティング収益（以下，オペ収益）と呼ぶ。

花崎〔2015〕の整理によると，オペ収益は，具体的に，①過大な役員報酬，②グループ内部の取引による利益調整，③新株予約権の割り当て，等によって作り出される。過大な社長・役員報酬は，役員を出すファミリーにとってメリットであるが，他の株主にとっての損失になる。グループ内部の取引による利益の付け替えは，例えば，図表4-1において，B社が損し，A社が得するような企業間取引を実行すると，ファミリーの全利益が向上するが，B社の他の株主が損害を被ることになる。すなわち，ファミリービジネスの場合も，経営と所有が完全一致しなければ，ファミリー以外の株主から見れば，エージェンシーコストが存在する。

ファミリービジネスにおける経営と所有の不一致を収益権[6]と議決権の乖離で測ることができる（花崎〔2015〕）。例えば，図表4-1の右の構造において，ファミリーが企業Aの67％の議決権を持つが，出資や配当に対する権利の割合は

67%×67%＝45%である。収益権と議決権との乖離は，45%÷67%＝67%で，100%からの乖離，すなわち，経営と所有の乖離度は33%になる。この乖離度が大きいほど，ファミリーにとってのレバレッジ効果が大きく，オペ収益を得やすく，他の株主から見るとエージェンシーコストが大きいという傾向にある。

外部資金の導入や長期的健全な株主間の関係を構築，維持していくために，ファミリーはこのエージェンシーコストを意識しなければならない。この株主間のエージェンシーコストは，外部投資家の出資の障害になっていないか，ファミリーは自身の利益だけではなく，投資家の利益への十分な配慮と公平的な扱いに気を配らなければならない。

3. 資本収益と社会情緒資産

（1） 資本の収益

資金を国債に投資すると，満期に約束される資金が必ず回収できる。このような投資は，リスクフリー，リスクがない投資という。一方，株式に投資すると，高い収益が期待できるが，株価が下落し，損失するリスクがある。このような投資は，リスキー投資という。

なぜ，投資家がリスキー投資をするか。それは，投資の収益が高いと予想されるからである。投資家がどれぐらいの高い収益を期待しているのか。通常，リスキー投資のベンチマークの１つとして，株式市場が使われる。投資家には，多くの選択肢があり，ファミリービジネスへの出資も，株式市場と比較がされる。

株式市場への投資の収益は，主に配当（インカムゲイン）と株価の上昇（キャピタルゲイン）から構成される。株式市場の投資家（株主）が要求する，期待する収益率は，CAPM（Capital Asset Pricing Model, 資産価格理論）によって，

70　第 I 部　概　論　編

$$（期待収益率）＝（国債金利）＋（ベータ）× 6\%　　　　　　[式 1]$$

と計算される。ベータは対象企業株式のリスク[7]を表す指標である。市場にお
ける平均的企業のベータが 1 である。平均的企業より 20％リスクが大きい企
業のベータが 1.2 になる。6％は 1 ベータのリスクへの対価[8]である。[式 1]
はリスクが大きい会社ほど高いリスクの対価が期待，要求されることを示す。
例えば，日本では，国債金利を 0.5％とすれば，平均的企業（1 ベータの企業）
に対する株主の収益要求は，0.5％＋ 6％＝ 6.5％と推定される[9]。なお，この
期待収益率を以下財務的収益率と呼ぶ。

（2）　ファミリーの実質収益

　ファミリービジネスにおいて，ファミリーにとっての実質収益（効用）は，

$$（実質収益）＝（財務的収益）＋（オペ収益）＋（非財務的効用）　　　[式 2]$$

と書ける。ファミリーが得られる実質利益として，財務的利益以外に，オペ収
益と非財務的効用が存在する。ここの財務的収益は，配当と（推定）株価の上
昇から得られるもので，[式 1]の内容に対応する。オペ収益は，前節 2. で議
論した通り，ファミリーの超過収益である。このオペ収益の比重は，企業規模
によって異なるが，一般的に，企業規模が小さいほど，重みが大きいと推測さ
れる。
　[式 2]の非財務的効用とは何か。これは，社会情緒資産（Socio-emotional
wealth）理論によって説明される。社会情緒資産理論は，ファミリーが以下の
3 つの非財務的効用（社会情緒資産）を優先的に追求すると説く。

①　企業との感情的結びつき：ファミリーのアイデンティティと会社と直接
　　に結び付く結果，会社の保有とそのオペレーションに対して大きな価値を
　　感じる。
②　永続の媒体：事業をファミリー永続の媒体として考え，その形が維持さ
　　れていくことに価値を感じる。
③　利他主義：ファミリーは身内メンバーに強い関心があり，利他的に助け

合うことに価値を感じる。

　オペ収益は，企業のオペレーションを通じて得られる経済的，金銭的価値であるとすれば，非財務的効用は，企業のオペレーションを通じて得られる心理的，情緒的価値である。これらの非財務的効用を獲得するために，ファミリーは，財務的収益をある程度放棄する対価を払うこともある。その結果，見かけ上の財務的利益が小さくてもファミリーが納得する構造が存在する。問題は，ファミリーはこのような利益構成に満足したとしても，外部投資家は，財務的利益しか得られないため，満足するとは限らない。また，ファミリーがオペ収益と非財務的効用を追求しすぎると，財務的収益が悪化し，外部投資家の利益を損なうことにもなる。

　外部投資家の資本を導入する場合，①外部投資家にとっての利益とファミリーにとっての利益の違い，②外部投資家求める（高い）財務的収益の正当性，を意識し，理解する必要がある。これらの理解が投資家との円滑なコミュニケーションの土台である。但し，この構造的な問題は，認識されても調整が難しい。この場合，種類株式は役に立つ。

4.　種類株式と権利対価の分解

(1)　種類株式

　一般的，株式は普通株式を意味する。普通株式とは，標準的，典型的な株式で，株主平等の原則に則り，全株主が平等な権利をもつ。株主の権利は主に，多様な議決権，利益配当請求権，残余財産分配請求権等がある。普通株式は，これらの権利に対して制限はないが，種類株式は，株主の一部の権利について，普通株式より優先したり，劣後したり，また消滅をさせたりすることはできる。これらの権利に対する扱いは，会社法で9つ定められている。

① 剰余金の配当に対する権利：剰余金の配当について，他の株式より優先または劣後することが可能で，それによって，優先株式や劣後株式ができる。

② 残余財産の分配に関する権利：残余財産の分配について，他の株式より優先または劣後することが可能で，優先株式や劣後株式ができる。

③ 議決権の行使権利：議決権の行使において，株主総会の全部または一部について制限でき，例えば，議決権のない株式。

④ 譲渡の権利：譲渡について株主がなく，会社の承認を要する株式，譲渡制限株式。

⑤ 取得請求権：取得請求権付株式，株主が会社に取得を請求できる株式。

⑥ 強制取得の権利：一定の事由が生じたことを条件に，会社が取得することができる株式，取得条項付株式。

⑦ 全部強制取得権利：株主総会の特別決議により会社が全部を取得することができる株式，全部取得条項付株式。

⑧ 総会の承認拒否権：一定の事項について株主総会の決議の他に，種類株主総会の決議が必要とする旨の定めがある株式，承認拒否権付株式。

⑨ 取締役・監査役の承認権：取締役または監査役の選任に関する事項について，選任権を有する株式。

（2）　対価の分解

このように権利を個別に調整すると，投資家にニーズに合わせることができる上，所有と経営の不一致から発生する諸問題の解消にも役立つ。例えば，議決権に関心がなく，配当収入を重視する投資家には，議決権制限株式を交付し，議決権放棄の対価として，剰余金の優先配当権利を与える。これは通常にいう優先株である。この優先株を利用すると，(配当等の)収益と議決権が分離され，その結果，議決権の対価が明確になる。優先株を上手に使えば，前節3.で議論したオペ収益や非財務的効用の対価も明示的になり，ファミリーと外部投資家間の利益調整が容易になり，株主間のエージェンシーコストを事前に調整し，回避することも可能である。

また，拒否権付種類株式を利用して，ファミリーやファミリーの中の特定の
メンバーに株主総会における拒否権を与えることで，出資構成に左右されずに，
企業の安定支配を実現することもできる。強制取得権利もうまく利用すれば，
ファミリーの企業支配にプラスである。

　種類株式は，普通株式と同様に返済する必要がなく，リスクマネーである。
種類株式を利用することによって，事業拡大，資本強化から発生の外部資金調
達とファミリー支配の維持という相反なニーズを同時に満たすことができる。
種類株式を利用するメリットの１つは，普通株式では調整できない外部投資家
とファミリーの利益不一致に対して，調整できることである。なお，公開会社
においては，議決権制限株式の総数は，発行済株式総数の２分の１を超えて発
行することはできないが，非公開会社に対して特に制限はない。ファミリービ
ジネスの資本強化には，種類株式を利用する余地が大きい。

　図表4-2は，伊藤園の優先株に関するものである。伊藤園は，2007年優先
株式を発行した（東京証券取引所上場）。この優先株式には議決権はないが，優
先配当が支払われる。優先配当の全部または一部が支払われない場合は，不足
分は累積し，請求権が残る。会社が清算される場合，残余財産についての分配
請求権は，累積不足分の優先配当相当分の支払いを除き，普通株主と同等とな
る。また，優先株式には普通株式への転換権はない。

　伊藤園の優先株は議決権がなく，普通株の125％の配当を受け取るが，株価

図表4-2　伊藤園の優先株

	優先株式	普通株式
証券コード	25935	2593
議決権	なし	あり
配当	普通配当×125％	普通配当
	未払分は累積	未払分は累積せず
残余財産分配権	普通株同等	－
普通株式への転換権	転換権なし	－
株主優待	あり	あり
株価（2018年各月末終値平均）	2,400 円	4,752 円

74 第Ⅰ部 概 論 編

は普通株の約半分でしかない。配当で議決権の対価をとるなら，125％の配当
では不十分で，普通株の倍以上の配当が必要になると推測される。この数字か
ら，議決権の対価を配当で穴埋めするなら，かなりの配当を払わなければなら
ない，議決権放棄の対価は，かなり大きいことがわかる。これは，多くの人の
直感と乖離しているのではないかと思う。これも，外部資金がうまくファミリー
ビジネスに流れない原因の１つではないかと思われる。ファミリーはこのよう
な問題を意識し，外部投資家に満足するような条件を探らなければならない。

5.　経営資源転換と新株予約権

（1）　経営資源

　資源ベース理論は，企業が競争優位を持続的に維持するには，「その競争優
位のための希少で模倣不可能な経営資源が必要」と主張する。経営資源は，例
えば，技術やノウハウ，優秀な人材，優れた立地などがある。当然，取引先や
外部との関係性，経営者等も経営資源である。
　ファミリービジネスの方が暗黙知の継承がしやすいため，特別なノウハウを
持つ，あるいは，立地のよい土地を持つなど，個別に有利な経営資源を持つこ
とも少なくないが，一般的に，公開企業と比べ，人材や外部との関係性という
点において，ファミリービジネスは構造的に不利であると思われる。例えば，
経営者を経営資源として考えれば，ファミリーメンバーだけの候補者プールは
小さすぎ，人材獲得にはマイナスである。ユパナ・沈〔2015〕は，婿養子を経
営者に迎えたファミリービジネスが，血縁者の経営者の企業より，業績がよい
ことを明らかにし，人材のプールの大きさの重要性を突き止めた。ファミリー
メンバー以外の人に機会が少ないことから，優秀人材を集めるという側面から
考えても，構造的に不利である。
　ファミリービジネスに構造的に強い経営資源はないのか。

第4章　ファミリービジネスにおける資本増強の視点　75

　ファミリービジネスにおける構造的な強みの1つは，ファミリーが持つ私的人脈やパイプを企業の経営資源に転換しやすいことである。この人脈とパイプの転換がうまくできれば，私的な関係性は重要な経営資源になりうる。いうまでもなく，転換の仕組みの構築は重要である。資本的提携や資本増強は，この転換の仕組みにもなりえる。

　例えば，ファミリー間の信頼から出資しあい，株式を持ち合い，役員を出し合うところまでいけば，長期的パートナーを手に入れることになる。資本提携によって，共通利益を創出され，助け合う関係が作り出される。資本提携は貴重な経営資源であり，その元において，仕入れ先の選択や販売先の選択などの問題も簡単に解決される。資本強化，資本提携は，会社自身の財務的強さを向上させるだけではなく，経営資源の強化にも直接に貢献する。

（2）　新株予約権と経営資源転換

　株式の持ち合いは，出資金は必要で，前節3.で議論したエージェンシーコスト問題や配当の問題もある。これを回避する方法として，新株予約権を利用する方法がある。新株予約権はストックオプションともいい，上場企業の役員報酬として利用され，ニュースにもよく出る。新株予約権の所有者は，会社に対して，一定期間内に，あらかじめ定めた価額（権利行使価格）で新株の発行を請求することができる権利を持つ（図表4-3）。

図表4-3　A社がC社に新株予約権を割り当てるフロー

---

1)　A社がC社に新株予約権を割り当てる
　　　権利の内容：　行使価格，期間，数量，行使条件等
2)　C社がA社に新株予約権の対価を払い込む
　　　対価を払わないものも多い
3)　権利行使できる期間が来たら，
　　　A）　C社が権利行使するなら，行使価格相当の現金をA社に支
　　　　　払い，A社がC社に株を渡す。
　　　　　利益は，数量×（株式推定価値－権利行使価格）
　　　B）　C社が権利行使しない，損得はゼロ。

---

76 第Ⅰ部 概論編

図表 4-3 において，新株予約権をもつ C 社は，A 社の株を 5,000 円（権利行使価格）で取得する権利があるとする。当然，A 社株価（評価値）は 5,000 円以下なら，権利を行使して買うことはない。株価が 5,000 円以上なら，C 社は権利行使をし，1 株に対して 5,000 円の対価を払い込む。この時の株価と権利行使価格 5,000 円の差額は，C 社の利益になる。株価を上げるには，業績を良くしなければならない。これで，C 社にとって，A 社の業績を上げる努力は，自身のためにもなるという構造が作り出される。業務提携先への新株予約権の付与は，共通利益を作り出し，提携・取引拡大のインセンティブになる。このような付与は，対価なしで行うことが多い。

　株式会社エボラブルアジア（証券コード 6191, 以下エ社）と株式会社光通信（証券コード 9435, 以下光通信）は，新株予約権を利用する業務提携の事例は面白い。旅行や IT オフショア開発事業を手掛けるエ社は，2016 年の臨時取締役会において，光通信との戦略的業務提携及び第三者割当による募集新株予約権（有償ストックオプション）の発行について決定した。業務提携に際し，光通信にエ社への新規顧客紹介のインセンティブを持たせるために，業績達成条件付新株

図表 4-4　新株予約権の内容

(1)	割当日	平成 28 年 8 月 10 日（水）
(2)	割当先	光通信
(3)	発行新株予約権数	1,662 個（1 個につき 100 株分の権利）
(4)	発行価額	新株予約権 1 個につき 100 円
(5)	当該発行の潜在株式数	166,200 株
(6)	行使価額	1 株 4,720 円（議決日の株価 5,109 円）
(7)	権利行使期間	平成 28 年 10 月～平成 33 年 11 月
(8)	権利行使の条件	

(a) 業務提携に関連する当社 IT 開発サービスにおいて，光通信からの紹介顧客の取扱高が，権利行使期間における各事業年度において 50 億円以上となった場合，新株予約権者が割当てを受けた本新株予約権の総数の 1/2 を行使することが出来る。

(b) 業務提携に関連する当社 IT 開発サービスにおいて，光通信からの紹介顧客の取扱高が，権利行使期間における各事業年度において 100 億円以上となった場合，新株予約権者が割当てを受けた本新株予約権の総数のすべてを行使することが出来る

予約権が利用される。

業務提携対象のエ社の IT 開発サービスは，新株予約権発行時の年度の取扱高は 20 億円であった。それに比べ，新株予約権の行使条件として設定した 50 億円と 100 億円の数字は意欲的ものである。株価が現状のままでは，50 億円を達成すれば，光通信は 6.4 千万円（$1,662 \times 100 \times (5,109\text{-}4,720) = 64,651,800$）の利益を得る。通常，業績が大きく上昇すれば，株価も上昇する。もし，株価が 6,000 円に上昇すれば，光通信は 2.1 億円（$1,662 \times 100 \times (6,000\text{-}4,720) = 212,736,000$）の利益を手にする。このように，光通信はエ社に顧客を紹介する強いインセンティブを持つようになる。この連携のきっかけはもし両社の経営者の個人的関係であるとすれば，新株予約権 1 つで，個人的関係を企業の経営資源に転換したことになる。ファミリービジネスにおいて，このような可能性は多くある。

新株予約権をうまく利用すると，ファミリーの私的人脈を簡単に経営資源に転換できる。しかも，新株予約権は資金投入が基本的に不要で，将来うまくいけば，業績の向上と資本強化が同時に実現できる可能性がある。

6. む す び

日本のファミリービジネスの健全な発展と競争力の向上には，資本強化は避けられない。資本強化は，ファミリーの資金だけではなく，外部資金の導入も積極的に考えなければならない。そのため，外部投資家のことをよく理解する必要がある。「彼を知り己を知れば百戦して殆うからず」ということなので，外部投資家がファミリービジネスをどう捉え，リスクやその対価をどう考えているか，ファミリー側は，それを的確に認識しなければならない。本章は，そのための視点をいくつか提供した。

プリンシパル・エージェント理論，社会情緒資産理論，資源ベース理論を簡単に紹介した。エージェンシーコストと社会情緒資産理論を中心にファミリー

と外部投資家間の利益不一致の問題を整理してみた。また，この利益不一致の解決には，新株予約権，種類株式，支配議決権の価値等ファイナンス的ツールの応用の可能性を触れた。ファミリービジネスの資本強化とその一層の発展には，ファイナンス的にも多くの工夫と可能性があることをぜひ理解していただきたい。

【Review & Discussion】

① ファミリービジネスの発展における資本増強の必要性について，整理してみよう。

② ファミリーと外部投資家のビジネスの捉え方と収益や事業価値の捉え方の違いについて，整理してみよう。

③ ファミリービジネスにおけるエージェントコストについて，整理してみよう。

④ 外部投資家への理解はなぜ重要なのか，整理してみよう。

〈注〉

1）ファミリービジネスの大企業や上場企業も多くあるが，本章は中小企業のファミリービジネスに焦点を当てる。

2）100％の株式を所有する場合，会社経営において他の投資家による制約がない状態にある。

3）経営権は，経営陣を選び，会社日常運営の権限である。議決権の過半数以上を所有している場合，株主総会の普通決議を議決することができ，経営権を持つ。普通決議項目は主に，取締役・監査役の選任，役員報酬決定，剰余金の配当，準備金や剰余金の処分等である。

4）議決権の2/3以上を所有すると，株主総会の特別決議を議決することができ，絶対支配権をもつ。特別決議の項目は，定款の変更，取締役・監査役の解任，合併・会社分割・株式交換・株式移転，株式の併合，資本金の減額等。絶対支配権を持つと，会社の仕組みと根本まで変えることができる。

5）1/3超の議決権は，株主総会の特別決議に対する拒否権をもつ。

6）出資の割合，配当を受ける権利の割合。

7）株式の収益変動のリスクは，システマティックリスク（市場共通リスク）と個別リスクに分解される。CAPM理論では，リスクの対価はシステマティックリスクにのみ付与される。ベータはシステマティックリスクを測る指標で，1ベータは，平均的企業のシステマティックの大きさであると理解してよい。

8）各国において，1ベータへの対価は6％前後と計測される。

9）最近10年間のTOPIX（東証株価指数）の成長率も年率6.2％である。

〈参考文献〉

入山章栄・山野井順一［2014］「世界の同族企業研究の潮流」『組織科学』Vol.48 No.1,
　25-37 頁。

上原美鈴［2005］「香港ファミリービジネスの継承と所有・経営」『中国経営管理研究』第
　5 号。

海老原崇［2015］「ファミリービジネスと実体的利益マネジメント」『証券アナリストジャー
　ナル』Vol.53。

小野有人［2013］「中小企業の成長に向けた金融戦略」『みずほ総合研究所レポート』3 月。

竹原　均［2015］「創業家が企業経営に与える影響」『証券アナリストジャーナル』VOL.53。

花崎正晴［2015］「コーポレートガバナンスの視点からみたファミリービジネス」『証券ア
　ナリストジャーナル』Vol.53。

ユパナ，ウィワッタナカンタン＝沈政郁［2015］「ファミリービジネスと戦後の日本経済」『一
　橋ビジネスレビュー』63 券 2 号。

（王　京穂）

第Ⅱ部

事 例 編

　事例編では，実際のファミリービジネス企業の現場取材に基づき実務的な示唆を導き出す。ビジネスエコシステムとカリスマ経営，事業の多角化と地域貢献，婿養子の経営と経営哲学，危機をチャンスに変える力，事業イノベーションの継承と進化，後継者教育と経営革新，創業者精神の承継と変革，ファミリーオフィスと企業倫理等，多様な業種，環境にある企業を事例として，多面的な視点から分析を行うことで，ファミリービジネス経営の深層に迫っていく。

第5章

《伊那食品工業》

ビジネスエコシステムを実現したカリスマ経営者とその承継

=== **本章のねらい** ===

本章では次の3つについて，事例を通じて理解することを狙いとする。

1つ目は，経営理念の明確化と具現化が事業の安定性に果たす役割を理解することである。事業を通じて経営理念を具現化するのは従業員である。伊那食品工業は，経営理念を従業員に繰り返しわかりやすいメッセージとして伝え，従業員は日々のオペレーションの中でそれを実践している。

2つ目は，共通価値の創造（Creative Shared Value, CSV）と企業の社会的責任（Corporate Social Responsibility, CSR）との違いを理解することである。当社は，ビジネスエコシステムにおいて CSV をステークホルダーとの価値共創のために必要不可欠な要素と位置付け，好循環を生む仕組みを作り上げている。

3つ目は，創業家と第二創業家のバランスのとり方を理解することである。企業が長期的に存続するためには，経営層のコンフリクトの表出は避けなければならない。現会長の塚越寛は第二創業者であると同時にカリスマ経営者であるが，第二創業家のみの経営に固執せず，創業家の井上修を現在の社長とし，井上もまた塚越の経営方針を忠実に引き継いでいる。

キーワード

事業承継，カリスマ経営者，ビジネスエコシステム，社是，社員教育

84 第Ⅱ部 事 例 編

〈会社概要 [1]〉

```
商      号：伊那食品工業株式会社
代  表  者：代表取締役社長：井上 修／代表取締役副社長 塚越 英弘
設立年月日：1958 年 6 月 18 日
資  本  金：9,680 万円
年      商：199 億 6000 万円（2017 年 12 月期）
本      社：長野県伊那市西春近（広域農道沿い）
工      場：沢渡工場，北丘工場，藤沢工場，化工機部工場，猪ノ沢工場
支      店：東京，名古屋，大阪
営  業  所：札幌，仙台，長野，岡山，福岡
社  員  数：458（男 237，女 221）名（2018 年 1 月現在）
（沿革）[2]
1958 年  会社設立
         業務用粉末寒天の製造開始
1964 年  業務用に加え，家庭用寒天「かんてんクック」および粉末食品の製造
         開始
1973 年  本社および研究室を建設
1980 年  「かんてんぱぱ」シリーズ発売
1983 年  沢渡工場第二工場を増設
1986 年  東京支店開設
1987 年  名古屋支店開設
1989 年  北丘工場（公園工場）建設
1990 年  産業廃棄物（寒天カス）のリサイクル工場として猪ノ沢工場建設
1992 年  大阪支店，福岡営業所開設
1993 年  藤沢工場建設
         仙台営業所，札幌営業所開設
1994 年  本社および研究所を新築移転
2004 年  岡山営業所開設
         『いい会社をつくりましょう』（塚越寛著）出版
2005 年  新会長兼 CEO に塚越寛，新社長に井上修が就任
2006 年  関連会社 農業生産法人「有限会社ぱぱな農園」設立
2008 年  新研究棟（R&D センター）を建設
2009 年  「野村陽子植物細密画館」開館
2012 年  藤沢工場，沢渡工場で FSS22000 認証取得
2013 年  沢渡新冷凍工場稼働
2014 年  米澤酒造株式会社を子会社化，ハマ園芸株式会社と資本業務提携
2018 年  塚越英弘副社長就任
```

1. はじめに

「伊那食品工業株式会社（以下，伊那食品工業）」は，長野県伊那市に本社を
おく寒天メーカーである。どのような局面にあっても，一年一年，着実に「年
輪」を刻んでいく「持続的成長」，すなわち「年輪経営」を実践し，2018年に
創業60周年をむかえた。当社は創業から2005年までの48年間，増収増益を
達成してきた。この「年輪経営」という独特の経営理念を社内外に浸透させ，
長期的成長を主導し，当社を多くの企業が模範として見習うまでにならしめた
のは，現会長の塚越寛（2018年9月現在80歳。以下，塚越）である。塚越は会
長に退いた後も「年輪経営」のシンボルとして，書籍を出版したり，講演会や
マスコミに登場し，カリスマ経営者として知られている。現在の体制は，会長
の塚越寛，初代の井上深見の息子である井上修が社長，塚越の息子である塚越
英弘が副社長（2018年就任）である。

(1) 設立経緯

伊那食品工業は，1958年6月に現社長井上修（以下，井上）の実父である井
上深見が創業した。当社の創業時の従業員は11名。機械らしい機械は1つも
なく，モーターが全工場で4台動いているだけの会社だった（塚越［2012］26頁）。

塚越は，肺結核のためやむなく高校を中退し，3年間の闘病生活ののち，地
元の材木会社「赤穂木材株式会社（以下，赤穂木材）」に就職した。そんな折，
社長から「塚越君，伊那食品工業へ行って会社を建て直してくれ」という声が
かかった。赤穂木材の関連会社，寒天メーカー伊那化学寒天株式会社（現 伊
那食品工業）は設立されたばかりの赤字会社であった。思わぬ形で伊那食品工
業での経営者人生がスタートしたのは，弱冠21歳の時である。

(2) 寒天と寒天製品製造

寒天は江戸時代初期の1640年頃，山城国（現 京都府）伏見で，冬季に心太（ト

コロテン）が凍結して乾物化するという偶然から発見された。隠元禅師がこれ
を食し，「仏家の食用として清浄これにまさるものなし」と賞賛して，「寒天」
と命名したと言われている。

寒天は，大きく2種類に分けられる。厳冬期における天然の寒冷を利用して，
トコロテンの凍結脱水を行い製造されるものを一般的に天然寒天と称する。こ
れに対し，冷凍機による人工的な冷凍法，あるいは圧力によるトコロテンから
の水の浸出を利用する圧力脱水法などにより製造されるものを工業寒天と呼
ぶ。寒天は，テングサ科（Gelidiaceae）やオゴノリ科（Gracilariadeae）などの
紅藻類を原料として，熱中抽出することにより得られる。乾燥させた寒天の
73%は，ガラクトースを主とする不溶性食物繊維の「アガロース（ダイエタリー
ファイバー）」で出来ており，残りの27%は水溶性食物繊維の「アガロペクチン」
から構成されている。

「アガロース」は，消化しづらく，ヒトの体内に取り込まれても排泄される
ため，便秘改善に効果があるとされる。また，この「アガロース」は，熱を加
えることで多様な用途に使用でき，ダイエットや健康目的の食用分野，培地[3]
の分野などで使用されている。「アガロペクチン」は，栄養価が豊富で，米や
パンに含まれるでんぷんと同様，体内に吸収される。

(3) 事業概要

伊那食品工業は，業務用寒天に加え，1964年に家庭用寒天の製造も開始し，
国内寒天メーカーのパイオニアとして年々着実に成長し，2015年12月時点で
売上高約180億円（図表5-1），国内シェア約80%を占めるまでになった。

現在，寒天製造の沢渡工場，業務用製品製造の藤沢工場，家庭用製品製造の
北丘工場の3拠点で製造を行い，東京，大阪，名古屋に支店を，札幌，仙台，
長野，岡山，福岡に営業所を開設し，全国展開を図っている。また，本社敷地
内にある公園「かんてんぱぱガーデン」（以下，ガーデン）（図表5-2）や，自社
商品売店「かんてんぱぱショップ」（全国16店舗）などのいわゆる産業観光サー
ビス事業も展開している。

第5章 ビジネスエコシステムを実現したカリスマ経営者とその承継 87

図表 5-1 財務データ (2015 年 12 月期)[4]

貸借対照表 (B / S)　　　　　　　　　　　　　　　　　　(単位：百万円)

現金・預金	5,572	支払手形	823
受取手形	1,144	買掛金	1,200
売掛金	3,024	短期借入金	0
有価証券	70	賞与引当金	119
棚卸資産計	5,912		
流動資産貸倒引当金	-31	流動負債計	3,876
		社債	0
流動資産計	16,518	長期借入金	1,922
建物構築物	7,122	退職給与引当金	1,539
土地	1,555		
投資有価証券	523	固定負債合計	3,466
長期貸付金	917	負債合計	7,344
固定資産貸倒引当金	-7	資本金	97
		資本準備金	38
固定資産計	14,034	利益準備金	24
繰延資産計	0	その他剰余金	23,049
資産合計	30,552	純資産合計	23,208
資産の部合計	30,552	負債・純資産の部合計	30,552

損益計算書 (P / L)　　　　　　　　(単位：百万円)

	金額	内訳 (%)
売上高	18,175	100
売上総利益	5,766	31.7
販売・一般管理費	4,660	25.6
営業利益	1,106	6.1
受取利息配当金	11	－
支払利息割引料	14	－
経常利益	1,215	6.7
税引前当期純利益	1,195	6.6
当期利益	782	4.3

図表 5-2 「かんてんぱぱガーデン」案内図

　創業家出身の井上修（現社長）が社長に就任した2005年は，寒天ブームの年であった。寒天業界はTV番組をきっかけとする寒天ダイエットブームをうけて増産し，売上・利益とも急増する。しかしながら，ブームは一年で収束し，増産のための設備投資の借入負担で倒産する企業が続出する。伊那食品工業も2006年には売上・利益とも反落している。

2. カリスマ経営者：塚越寛と年輪経営

(1) 塚越寛と経営理念（年輪経営）

社是は「いい会社を作りましょう～たくましく，そしてやさしく～」である。「いい会社」とは，単に経営上の数字が良いというだけでなく，会社をとりまくすべての人から，日常会話の中で「いい会社だね」と言ってもらえるような会社を意味する。自分たちを含め，すべての人々をハッピーにすること，中でも，社員が精神的にも物質的にも充足し，幸せを感じることに「いい会社」を作る真の意味があるという。

「自社の売上や利益だけを目標に掲げて，利益を追求し，無理な成長，利己的な急成長を遂げる会社は継続しない」と塚越は言う。会社は永く続くことによって環境整備・雇用・納税など，様々な分野で社会に貢献することができる。そのためには，景気に左右されず安定的に成長することが重要だ。木は，前年よりも少しだけ成長し続けて年輪を作り続ける。確実に年輪を一輪ずつ増やしていく樹木のような経営，「年輪経営」という言葉はそこから生まれた。

伊那食品工業では売り上げの数値目標をもたない。売上や利益の数値は，年輪経営の結果であり，あえて目標を掲げる必要はないと考えている。重要なのは，社員一人ひとりの能力の発揮や，様々な面での成長である。

このような経営戦略によって，伊那食品工業が2005年までの48年間増収増益を続けたことは多くの経営者の注目を集めた。トヨタ自動車の豊田章男社長（2018年現在）が年輪経営に共感し，毎年役員を連れて当社を訪問することも有名である。塚越の執筆した書籍や，氏へのインタビューが頻繁にTV・新聞・雑誌で取り上げられること，多くの経営関連の賞を獲得したこともあり，塚越寛＝年輪経営は世間に広く知られるところとなった。

（2） 事業の立て直しと成長

「*生き残るには，とにかく，自分達の手で寒天の需要を掘り起こすしかない*」

　塚越が赤字の伊那食品工業を任された当時に話を戻そう。塚越は，当時では珍しかった粉末寒天を，羊羹やあんみつなどの和菓子メーカーに売り込むことから始めた。ただ売込むのではなく，寒天のアレンジレシピを提供したり，スーパーマーケットに寒天を使用した自社製造の和菓子を置いたりすることで，和菓子メーカーからの引き合いも増え，取引は順調に伸びていった。

　ある時，開発段階で偶然固まらない寒天が製造されてしまった。これに目を付けて製品化に取り組み，寒天の常識から外れた，固まらない「ウルトラ寒天」が誕生した。「ウルトラ寒天」は，水やお茶に混ぜるとトロミが出ることに加え，調理も簡単なため，用途が無限大に広がる製品である。開発された用途はプリンやゼリーなどの洋菓子，嚥下（えんげ）障害[5]をもつ高齢者の誤飲を防ぐ介護食，ファンデーションなどの化粧品，納豆のタレと多岐にわたる。

　伊那食品工業は事業が軌道に乗り始めた 1970 年代に研究室を設け，寒天の原料である海藻や生産技術の本格的な研究を始めた。以後，常に全社員の 1 割の人材を研究開発に充てている。伊那食品工業では理科系出身者だけではなく，ジョブローテーションにより文科系の社員も研究開発部門に配属されることがある。社員は化学の素養が無かったとしても，消費者視点で寒天商品のバリエーションを考えることで研究開発に貢献できる。伊那食品工業の多様な用途開発は，様々な立場で寒天事業に取り組んできた研究開発部隊の情熱に支えられている。

　当社では，工場の生産機械も，かなりの程度まで自社で製造している。化工機部[6]の 10 人が，迅速な機械メンテナンスや故障への対応，改善など行っており，工場の稼働率向上に貢献するとともに，オリジナルな生産設備がオリジナルな商品を生み出す礎となっている。

　オリジナル商品作りは，敵を作らない塚越の生き方にも通じる。類似の商品を持つ企業同士の消耗戦を避け，商品や売り方，サービスに独自性を持たせていくことで，自らオンリーワンの企業になる。伊那食品工業はライバル他社の

幸せを奪わないことを心掛けてきた。

3. サプライヤー・顧客との関係とビジネスエコシステム

(1) サプライヤーとの関係

　寒天は長年，典型的な相場商品だった。冬のわずかな期間にだけ，農家の副業として生産され，生産量は天候によって大きく左右されていた。暖冬で寒天が腐ると品薄になり，生産者や問屋が売り惜しみ，価格が高騰した。価格変動が激しい寒天は，食品メーカーから「生産計画も販売計画も作れない」と敬遠され，食品スーパーも相場商品を原料とする製品を歓迎しなかった。また，寒天の原料である海藻の収穫は，高齢化による担い手問題に直面していた。加えて，1960年代の日本近海は，高度成長のために水質汚染等が進み，良質な材料の入手は困難になりつつあった。

　安定的な原料供給の必要性を感じて塚越は世界中の国を周り，寒天に適した海藻を探し回った。チリ，モロッコ，韓国，インドネシアの4カ国でとれる海藻が適していることを探し当て，各国で技術指導を行い，信頼関係を築きながら工場を育成した。チリ以外の協力工場には出資を行わず，役員なども派遣していない。定期的に品質管理チームが監査をするのみで，協力工場が伊那食品工業以外の取引先に原料を供給することを認めている。

　原料供給体制を整えたのち，大型の生産設備や倉庫を備え，製品の備蓄体制を整えた。このような努力が実り，1977年には「*もはや寒天は相場商品ではありません*」，と日本食糧新聞の広告で宣言するまでに至った（塚越［2012］123頁）。相場が上がった時には大量に供給して寒天の値上がりを抑え，豊作で値下がりした時には買い支える体制が整ったのである[7]。

　サプライヤーに対して無理な値引き交渉をすることは，互いの信頼・互いの経営・互いの事業の継続，すべてにマイナスだ。なぜなら，購買先に値切られ

92 第Ⅱ部 事 例 編

た会社は，自社の経費節減を行うようになる。結果としてその会社の社員とその家族の購買力を減退させ，消費が減り，企業業績も悪くなると言う経済の悪循環を生み出してしまう。塚越のこの持論を元に，伊那食品工業は仕入先に対し値切ることしない。その代わり，購買先からの無理な値引き要求も受け入れない。仕入先への決済に用いる為替手形の印紙，銀行口座振込手数料は，「本来，購買先が負担するべきもの」として，自社で負担している（塚越［2014］47頁）。こうした手数料は「塵も積もれば山となる」ことから，力関係で優位に立つ大企業は相手先企業に費用負担させる取り決めをしていることが多い。

（2） B to Bビジネス

伊那食品工業の事業は，業務用（B to B）製品（図表5-3）と，「かんてんぱぱ」ブランドで展開する家庭用（B to C）製品の2分野から構成される。

伊那食品工業では一人の営業担当者が，あらゆる業種の販売先を訪問する体制を取っている。取締役東京支店長の湯澤正芳（以下，湯澤）は，「営業は伊那食品工業の看板であり，お客様がお困りになっていることを聞きだす役割を担っている」と言う。営業担当者による顧客ニーズの掘り起こしが，新たな製品・研究開発につながる。営業担当者は新しいレシピを提供し，顧客の前で試食品や惣菜の調理を実演したりもする。販売先は菓子メーカーから外食産業，医薬品メーカー，家庭用の「かんてんぱぱ」ブランドを販売する一般小売店へと広がってきている。

2000年，薬事法の改正[9]により，厚生労働省から化粧品の全成分表示を行

図表5-3　業務用製品の用途[8]

製品名	主な機能	最終製品
伊那寒天	天然物の寒天の品質・価格を安定させた商品。食物繊維が持つ排便機能，ガン抑制効果，抗酸化機能等を持つ。	和菓子，製菓，乳製品など
イナゲル	寒天を含む何種類かの材料をブレンドする事で，食物繊維が持つ機能など寒天の長所を伸ばし，新たな物性を持たせたゲル化剤。	デザート，和菓子，麺，タレ，化粧品など
イナショク	外食産業などで用いられる業務用食材。	プリン・ゼリーの素など

うガイドラインが出された。天然素材は消費者に好まれることから，化粧品メーカーも好んで寒天を用いるようになった。水分の吸収・排出機能に富む寒天は，皮膚に筋やムラができにくく，口紅，ファンデーション，ボディジェル，整髪剤などで活用されるようになった。カネボウの「落ちない口紅 テスティモ」はイナゲル使用化粧品の代表例である。

　伊那食品工業の製品開発はさらに進む。寒天を原材料にして，そのまま食べられる「可食性フィルム」は，伊那食品工業オリジナル商品である。「かんてんスープ」の中袋などに使用され，袋ごとお湯に溶かして食べられる。納豆のパックに入っている柔らかいゼリー状の「とろみたれ」は，そのまま納豆に混ぜるだけで食べられ，小袋のゴミが出ない，指も汚れないなどの利点がある。その他，DNA 鑑定，食品サンプルの型取り，歯科印象剤，ゴルフボールなどにも寒天は使用されている。様々な用途の開発で，特許は 60 件，商品は 1,200 種類を超える（2017 年 1 月現在）。

（3）　B to C ビジネス（かんてんぱぱ事業）

　伊那食品工業は，1980 年に家庭用のブランド製品を発売した。パパでも簡単に調理できるという意味で，「かんてんぱぱ」と名付けられた。「かんてんぱぱ」事業は，電話・ファックス・インターネットなどによる「通信販売」と「小売店舗販売」に分かれる。小売店舗は，長野県 7 店・東京・大阪をはじめとする 16 店舗の直営店舗（カフェ併設）と，スーパーなどの流通チャネルに分かれる。全社売上のおよそ 4 割を占める B to C ビジネスの内，家庭用通信販売は約 1 割，直営店「かんてんぱぱショップ」は約 1 割，スーパーなど一般流通店は約 2 割である。

　「かんてんぱぱ」ブランドの商品が，一般のスーパーに並ぶのは，長野県内のみである。長野県には温泉やスキーなど，年間約 1 億人 [10] 近い観光客が訪れる。長野県土産として「かんてんぱぱ」商品を購入した観光客から，再度購入をしたいという問合せが本社に入るようになり，最初は一件一件地道に対応していたが，そういった要望が増える中で，通販事業部が立ち上がった。通信販売事業では，上司に指示を受けた訳でもなく，社員は顧客に手書きのメッセー

ジを添えるなどの心遣いを実践している。この製品群は，業務用寒天の用途開発にも役立っている。家庭用「かんてんぱぱ」商品を個人で購入した製造業者から，業務用の利用について伊那食品工業に問合せが来ることも少なくない。

しかしながら，伊那食品工業は，家庭用製品の比重が大きくなることには慎重である。業務用製品に比べ製品寿命が短く，流通に左右されて安定しないからだ。1970年代後半，当時家庭用製品全売上の60％弱を占めていたある大手スーパーから法外な値切り要求を受けるという出来事があった。悩んだ末に，最終的にはそのスーパーとの取引を完全に打ち切った。以来，「かんてんぱぱ」製品が全売上の40％を越さない方針で運営している。家庭用製品事業は，あくまでも伊那食品工業ブランドの広告塔と位置付けているという。

伊那食品工業は，一時的な需要の高まりに保守的である。従来の家庭用寒天は，煮立てる必要があったが，1981年に販売開始した「カップゼリー80℃」[11]はお湯で溶かすことができ，手軽さから大ヒットした。贈答品や土産物として顧客間で広まり，さらに，もらった人がリピーターになる形で全国的に広がった。この時，大手スーパーから全国展開の誘いがあったが，ブームに乗った一時的な無理はしない，との判断から断っている（塚越［2012］74-76頁）。

4. 社員との関係

（1） 社是を実現するのは社員

社是を実現するのは社員である。では，社是実現の主人公である社員は，どのように行動すべきか。行動指針には「伊那食品工業の社員は，伊那食ファミリーとしての誇りを持って社会にとって有益な人間であるように努めよう」とある。こうした塚越が掲げる伊那食品工業の経営理念は，年齢や性別に関わらず，経営陣から新入社員まで深く浸透している。井上も常々「会長の良き継承者としてこの理念を引き継ぎたい」と語っている。

社員は自主的に始業前30〜40分前に出勤し，ある人は竹ぼうき，ある人は草かきをもってあちこちに散っていく。約3万坪にも及ぶ本社敷地内を毎朝掃除しているのだ。特に当番が決まっているわけでもなく，担当場所が決まっているわけでもない。社員一人ひとりが考え，必要だと思う場所を掃除している（塚越［2014］59頁）。平日だけではなく，土日にも50〜60人が出てきて庭の手入れをする。中には，遠方から通勤しているため，朝早くの掃除に参加しない人もいるが，「誰が掃除をしているか・いないか」を問題にする者はいない。

塚越は，「人の成長に重要なのは，自分自身が自発的に気づくことであり，気づきの原点は掃除から始まる」という持論を，社員に繰り返し伝えている。掃除を1カ月やり続けると，社員の目つきや行動に，明らかに変化が見られるという。掃除をすることで，普段は気づかない細かな変化に気づき，それは，仕事の上での気づきにも繋がる。

伊那食品工業の人材育成策にはユニークなものが多い。「100年カレンダー」もその1つだ。100年分を1枚のポスターサイズに集約したカレンダー（図表5-4）を見ると，100年分の日付が一目でわかることから，自分の人生における現在の立ち位置を確認することができる。「人生はたった一度だけ。無駄に過ごしていい日など一日もない」と塚越は言う。100年後に生きている人はいない。「100年カレンダー」を見れば，「人生には限りがある」ということを意識して毎日を有意義に過ごそうとする。だから，周囲に対して気づきや思いやりの気持ちが芽生え，自発的に仕事をするようになる（塚越［2012］35-38頁）。

(2) 突出した人はいらない

伊那食品工業は会社の目的を社員が幸せになること，とおいている。そのため，年齢とともに賃金が上がっていく年功序列・終身雇用制度が全面的に採用されている。以前は中途採用も行っていたが，社風に合わずに退職する人も出たため，現在は新卒のみ採用している。会社が急成長ではなく少しずつ成長すること，その会社で一生働けることが，社員に安心感をもたらし，楽しく働けるようになる。

人はライフイベントごとに必要な資金やタイミングが異なる。例えば，家を

96　第Ⅱ部　事例編

図表 5-4　伊那食品の人材育成策

（伊那食品工業株式会社　本社社屋）

（朝の掃除風景）

（100年カレンダー）

製品例（左：業務用　右：家庭用）

買うときや子供が進学するときは，経済的な負担が増える。年功序列制度は人生計設計にも役立つ。

　突出した人はいらない。ミツバチは，それぞれ役割が決まっていて，みんなで協力するから巨大な巣を作り，はちみつをたくさん集めることができる。「人間社会でも力を合わせることで，一人では成しえないことができる。その際，重要なのは協調性である」。人に対する思いやりや気づきが人間的成長を生み出し，一人一人の人間的成長の総和が企業の成長につながるのだという。

　43年前から実施している2年毎の社員旅行も人に対する思いやりを育むためものである。この社員旅行は計画から催行まで，すべて社員が行う。海外や国内の旅行を企画することは，社員同士が所属部署の枠を超え，自主的にコミュニケーションをとり，行先や交通手段，宿，現地で何をするかを決めていくプロセスの経験になる。社員旅行は数グループに分けて輪番で行くため，残って業務をする社員がいる。旅行中の社員の業務を分担することでさらにチームワークが強くなる。ファミリーとしての一体感を醸成し，チームワークが生まれる（塚越［2014］153-157頁）。

　この地方の中小企業の新卒15名枠に，2016年には4,000名の応募があったという。

5.　地域社会との関係

（1）　伊那谷のために

　伊那市は人口約7万人の地方都市で，伊那食品工業が本社を構える伊那谷は中央・南アルプスに囲まれ，天竜川流域にある風光明媚な地である。塚越はこの地に特別な愛着を持ってきた。伊那食品工業の本社や，北丘工場周辺の緑地一帯は「かんてんぱぱガーデン」と呼ばれる（以下，ガーデン）。ガーデンは，「会社も街づくりの一環であり，働く人や地域の人，訪れる人が安心して憩える空

間である」というコンセプトのもとに生まれた。敷地面積は3万坪，東京ドーム2個分の広さがあり，大切に管理されたアカマツが広がる美しいガーデンは，年間36万人が来場する伊那市の一大観光スポットでもある。県外からのバスツアーでの来場者も多い。毎年6月の「感謝祭」は，伊那谷の初夏の恒例行事になりつつある。約2万人の来場者に「ところてん」と「あんみつ」を無料で振る舞う。

　ガーデンの敷地を2つに分けている農道は，交通量が多く横切るには危険であった。そのため，社員と地域住民が安全に道を渡れるように歩道橋を寄付した。また，事故の起きやすい交差点には信号機を設置するなど，地元への寄附を行っている。社員は，朝の出勤時には右折をせず，迂回して会社の敷地に入ることで，右折による渋滞を防ぎ，地域住民に迷惑をかけないようにしている。

　ガーデン内で最も高い建物であるR&Dセンター（健康パビリオン）は，50周年事業の一環として，「来訪者が健康や体力のことを楽しく学べるように」という思いを込めて建てられた。ここでは様々な身体測定機器や，脳年齢ゲームなどもある。またガーデン内には，飲食施設として「茶房桂小場」「レストランひまわり亭」「サンフローラ」「そば処栃の木」「寒天レストランさつき亭」がある。これらの施設は，日中，少しでも長い時間ガーデン内で寛いでもらいたいという思いで作られたが，同時に，地域の飲食店の迷惑にならないように，という配慮から，営業時間を昼間のみとしている。

　地元住民に人気のスポット「水汲み場」もガーデン内にある。中央アルプスの伏流水，美味しい天然水を汲み上げている場所である。地域住民，観光客は無料でここの水を汲んで帰れるため，行列ができるくらい人気がある。この天然水を手に入れたいがあまり，車でやって来て，いくつもの容器で一度に大量の水を持ち帰る人もいて，行列がとても長くなることもあった。そのため，今は利用者に気持ちよく使ってもらうため，1人2リットルまで，さらに必要な場合は後ろに並び直すルールになった。

　「よくここに水を取りに来ますよ。ここの水は伊那食品工業さんが自由に持ち帰られるようにしてくれているから，ありがたいですよ。以前，並んでいる人同士でトラブルがあってから，ちゃんとその辺も社員さんが管理してくれて

ます。本当にご苦労様です」と地域住民の一人が話してくれた。

(2) CSRとエコシステム

　伊那食品工業の社会貢献の最たるものが雇用創出である。伊那食品工業の関
連会社に，農業生産法人「有限会社ぱぱな農園（以下，ぱぱな農園）」がある。
ぱぱな農園は，休耕している農地が増え，荒廃が問題視され始めた2006年に
設立された。「農業荒廃の防止と65歳以上の再雇用」を目的とするこの会社は
伊那食品工業を定年退職した人を再雇用している。現在は，水稲，野菜，果物
等を13.5haで栽培しており，効率や採算よりも，安心・安全にこだわり，季
節に合わせた有機野菜や米を生産している。収穫した農産物は，ガーデン内の
レストランで味わうことができるほか，社員の給食にも使われ，売店や全国各
地にある「かんてんぱぱショップ」でも販売されている。この「ぱぱな農園」
では，自社工場から毎日10トン出る寒天カスを再利用した「アガーライト」
も製造している。「アガーライト」は，海藻ミネラルを多く含む寒天カスに，パー
ライトという真珠岩を高温で熱処理した成分を加えたものである。通常の土に
加えることで，土の通気性や保水性を高め，土壌を農作物向けに改良できる。
園芸資材を製造販売する企業が購入したり，個人の園芸家や農家が購入したり
している。工場やガーデン内のレストランで発生した生ごみを堆肥にかえ，自
社の農地に使う試みも行っている。

　地域貢献活動にも熱心である。「芸術に触れられる環境をつくることも地域
貢献である」として，ガーデン内に山岳写真家の「フォトアートギャラリ
ー」[12] や，地元出身画家の「植物細密画展」[13] の設置を実現させた。「伊那能（能
と狂言のイベント）」へ協賛，「地元小学生の絵画コンクール」の主催，「高校
駅伝（全国から180校が参加）」や「長野県こども音楽コンクール」への特別協
賛など，地域文化の保存・維持，伊那谷に近い長野県中川村の老舗酒蔵「米澤
酒造」への支援なども地域貢献の一環である。「米澤酒造」は，伊那谷の中央
に位置し，明治40年創業，昔ながらの伝統的な手づくり醸造の蔵元である。
地域住民と連携した棚田での酒米作りを行っている。村の大切な伝統であり，
文化でもある造り酒屋を守るため，2014年に伊奈食品工業は同社をグループ

化，資源や技術，販売面での支援を行っている。

2018 年に副社長に就任した塚越英弘は，次期社長の予定である。専務時代から塚越会長と同じく多くの講演やメディアの取材を受け，年輪経営を世に広めている。

【Review & Discussion】
---

① 塚越副社長（次期社長）が社長就任までに行うべきことと，その優先順位について考察してみよう。
② 伊那食品工業が上場しない理由について，様々な側面から考察してみよう。
③ 現在の施策で継続すべきもの，すべきでない，もしくは何らかの変更が必要なものは何か，考察してみよう。

〈注〉

1) 伊那食品工業株式会社 HP《https://www.kantenpp.co.jp/corpinfo/》（2018 年 12 月 19 日）。
2) 伊那食品工業株式会社（会社案内）より。
3) 微生物や生物組織の培養において，培養対象に生育環境を提供するもの。
4) 帝国データバンクより。但し，主要項目を抜粋表示しているため，合計額は必ずしも一致しない。
5) 加齢などにより飲み込む力が衰える障害をいう。
6) 創業時，機械設備を購入・メンテナンスする十分な資金がなく，自前で設備の開発・保守を行う企業風土が醸成されたことが影響している。
7) 原材料を安定的に購入するための仕入先への技術指導とその結果である製品共有と価格の安定化は，高度な社会貢献であり，ビジネスエコシステムにおける共通価値の創造（Creative Shared Value, CSV）である（Porter *et al.*〔2011〕）。
8) 伊那食品工業株式会社（提供資料）より。
9) 化粧品基準（2000（平成 12）年 9 月厚生省告示第 331 号）。
10) 2015 年度の長野県への観光客は 9 千 3 百万人（長野県観光部山岳高原観光課観光利用者統計調査結果）。
11) 熱湯に溶かして冷やすだけのゼリーの素。手作りの楽しさと，作りたてのゼリーのおいしさを味わえる伊那食品工業の定番商品といえる。
12) 「青野恭典フォトアートギャラリー」では，日本を代表する山岳写真家の青野氏の作品が展示されている。
13) 長野県箕輪町出身の画家 野村洋子の「植物細密画展」が，常設されている。

〈**参考文献**〉

（書籍）

Porter, M. E. and M. R. Kramer〔2011〕, "Creating Shared Value," *Harvard Business Review*, 89（1/2）, pp.62-77.

塚越　寛〔2012〕『いい会社をつくりましょう（新訂版）』サンクチュアリ出版。

塚越　寛〔2014〕『リストラなしの「年輪経営」』光文社。

（写真）

《https://www.kantenpp.co.jp/garden/wp-content/themes/kantenpapa_garden/images/garden_map.pdf》（2019 年 5 月 13 日）。

《https://www.kantenpp.co.jp/corpinfo/rinen/03.html》（2019 年 5 月 13 日）。

《https://www.murata-brg.co.jp/gallery/2015/07/post_2216.html》（2019 年 5 月 13 日）。

《https://www.kantenpp.co.jp/corpinfo/corporate/》（2019 年 5 月 13 日）。

（戸谷圭子）

102 第Ⅱ部 事例編

第6章　　　　　　　　　　《山口油屋福太郎》

事業の多角化と地域貢献 [1]

― 本章のねらい ―

　本章で取り上げる株式会社山口油屋福太郎は福岡を地盤とする食品卸売業，食品製造業を展開する企業である。ファミリービジネスに限らず，どのようなビジネスも社会経済環境の変化に対してイノベーションを繰り返し，適切な対応をとらなければ提供している商品・サービスの陳腐化は避けられず，企業としては生き残ることはできないであろう。常に事業内容を変革するとともに，場合によって事業の多様化を図る戦略が求められている。同社は創業100年を超える老舗企業であり，食用油を中心とする卸売業，福岡の名産品である辛子明太子や明太子を練り込んだせんべいの製造・販売など，イノベーションを繰り返し，事業を拡大・多角化し成長を続けている企業である。

　本章のねらいの1つは，同社の活動からファミリービジネスにおける事業の多角化について考察することである。一方，ファミリービジネスの多くは地域の中核企業として雇用や様々な地域貢献などを通して地域の社会経済を支える基盤でもある。マーケットがグローバルであったとしても，そこで働く従業員やステークホルダーの多くはローカルな経済主体であり，地域社会や経済と極めて密接な関係性を有している。地域社会からみても生産・雇用などを通した経済活動の主役であるだけでなく，事業とは直接関連のないように見える様々な活動を通じて地域に大きな貢献を行っている。

　本章のもう1つのねらいは，ファミリービジネスと地域とのかかわりについて考察することにある。

キーワード

　事業の多角化，ファミリービジネスの地域貢献

〈会社概要〉

商　　　号：株式会社山口油屋福太郎
本社所在地：福岡市博多区那珂
営 業 本 部：福岡県福岡市南区五十川
資　本　金：1,000 万円
従 業 員 数：548 名（2017 年 12 月期）
売　上　高：138 億 1,400 万円（2017 年 12 月期）
代　表　者：代表取締役会長　　山口毅氏
　　　　　　代表取締役社長　　田中洋之氏
事 業 概 要：業務用食材卸，食品製造，温浴・レストラン事業他
（沿革）
1909 年 3 月　福岡市瓦町にて食用油の製造を始める。
1955 年 1 月　有限会社山口油屋に法人化。
1975 年 4 月　株式会社山口油屋に改組。総合食品問屋に発展。
1984 年 8 月　株式会社山口油屋福太郎に社名変更。

1. は じ め に

　株式会社山口油屋福太郎の基礎は，1909 年（明治 42 年）に山口源一氏が福
岡市瓦町にて食用油の製造業に乗り出しことから始まる[2]。2019 年で創業 110
周年を迎える福岡・博多を地盤とし，「福太郎」ブランドで知られる食品卸売業・
製造業の老舗企業である。主たる事業内容は，以下の通りである。

　① 　業務用食材卸：食用油，調味料，米，冷凍食品，飲料・酒類など
　② 　食品製造：辛子明太子，「めんべい」など菓子類の生産・販売
　③ 　温浴・レストラン事業：天神テルラ，千石の郷，天拝の郷などの施設運
　　　営
　④ 　商社機能：中国，タイなどからの食品輸入

　企業名にある「油屋」にとどまらず，調味料・冷凍食品等の業務用食材の卸
売業，福岡県の名産品であり辛子明太子の製造販売ならびに明太子を練り込ん
だせんべいで福岡土産の定番である「めんべい」などの製造販売，総合飲食ビ
ル「天神テルラ」，温浴施設である「千石の郷」など温浴・レストラン事業な
どを展開している。

　同社の社是は，「生きている総てにご満足いただけるよう，『食の幸』を，福
太郎は提案する」[3] ことである。「食」の提供を事業の核と位置づけ，常に新規
事業開発・イノベーションを繰り返し，総合食品流通企業から総合食品メーカー
へと変革を続けてきた企業である。現在は，5 代目の田中洋之氏が代表取締役
社長である（4 代目社長山口毅氏は，現在，代表取締役会長）。

2. 環境適応と事業の多角化

（1） 創業と油の製造・販売

　創業者の山口源一氏が地元福岡の谷弥百貨店の食品部門に勤務したことから「油」と出会い，1909 年の創業に繋がっている。明治中期以降の当時の状況から，産業用機械油，食用油の需要が増大していたという背景があった。創業後，源一氏は油の精製に情熱を注ぎ，菜種油を原料とした透明な「水晶油」を製造・販売したところ，東京，大阪などの大都市にある料亭から注文が殺到し，大好評であった。当時の菜種油は，精製技術が未発達で原始的な搾油によって精製された茶色の油であった[4]。「水晶油」は源一氏の美しい油を製造したいというイノベーション精神が結実した結果もあった。

　その後，大正・昭和と時代が変遷する中，大豆，菜種，ゴマなど様々な原料から製造される油を取り扱っていた。また，同業者に対しても技術的な支援を惜しまず，昭和恐慌の危機を乗り切り地元でのリーダー企業として成長していった。

　一方，1939 年の企業分類・統合により食用油を扱う事業に集中することになる。当時は，ガソリンを中心とする鉱物油へ集中企業が多い中，山口油屋は食用油へと事業をシフトしていった。

（2） 総合卸売業への転換

　戦後は，大豆などの海外原料を中心とした食用油の製油事業の規模拡大と寡占化が進み，大手企業がスケールメリットを活かして事業を拡大していた時期であった。このような時代背景の下，同社は油製造から卸売業に少しずつ業態を転換し，問屋としての地位を確立していくようになる。1960 年代半ばには，福岡市周辺の食用油の 6 割ほどを取り扱うようになっている。しかし，この時代の食品流通業，小売業を取り巻く競争環境には大変厳しいものがあり，現在

の流通企業が抱えているのと同様，寡占化が進むにつれて大手メーカーの交渉力は高まり，卸売業者は事業収益が変動するリスクを常に抱えている状況であった。食用油は利益率の薄い商売となり，メーカーとの取引価格の変動が収益を圧迫するようになる。

　これが同社を様々な業務用食材・資材等の卸売業へと転換させることに繋がっている。同社では取り扱う商品の幅を広げるため，食用油を配達する際に「ついでに持って行く」という発想から，レストランや食品加工業者等の取引先に対して味噌，醤油などの調味料から，米，業務用洗剤，割り箸，ビニール袋など実に様々な商品を販売するようになる。この発想は，多くの取引先に喜ばれるようになり，徐々に取り扱う商品の幅を広げていく結果となった。油売りを本業としながら，いわゆる水平型に多角化を図り，新しい商品を取り扱うことで事態を打開したのである。こうして，山口油屋福太郎は食用油を中心に総合卸売業へ転換していったのである。

（3）　食品製造業への進出：辛子明太子事業への参入

　1960年代以降，業務食材・資材の卸売業は軌道に乗り，総合食品卸売企業として成長を続けていたが，競争環境は益々厳しさを増していくようになる。食用油事業は，利益の薄い商売に変わりはなかった。そのため，卸売業だけでなく自社生産による商品を開発し，メーカーになるという垂直型の多角化を図り，食品製造業へと進出することになる。

　1970年代に入ると高度成長期は終わりを告げ，オイルショックにより日本全体としては経済が停滞する一方，九州・福岡では1975年の山陽新幹線博多開業に向けてビジネス・観光など経済浮揚への期待が膨らんでいた時期でもあった。山口油屋福太郎では，自社生産の製品を模索していた時期でもある。その頃，当時から博多で販売されていた珍味辛子明太子を山口毅社長が食したところ，辛みや塩分が強かったものの，それらを酒で洗い落としてみると，非常においしく「うちでも作ってみようか」ということになった。

　辛子明太子は，新幹線の博多開業以降，日本中に広く知られるようになり，現在では家庭の食卓で親しまれる食材であるが，当時は，珍味，酒のおつまみ

として食されていた。福岡では1949年に川原俊夫氏（「ふくや」初代社長）が販売を開始し，10年の試行錯誤の末，調味液型明太子の製造法を確立している[5]。辛子明太子は福岡を中心に広まっていったが，川原氏は，明太子の製法を秘匿せず，オープンライセンスとして同業者にも公開していた。当時，山口油屋では唐辛子を含む様々な調味料を卸していた関係もあり，辛子明太子の製造・販売に乗り出すことになった。ただし，製造法はオープンであったが，味付けなどは自ら開発し，独自の明太子を作る必要があった。当時社長であった山口毅氏は同業者の製法を参考に製造を試みたが，はじめは「ガチガチで棒のように硬い明太子ができた」[6]ような状況であった。また，液体調味料をベースとした製法を採用していたが，思うような味付けができず，試行錯誤を繰り返していた。その困難を乗り切るヒントは，毅氏の母がつくっていた漬け物であった。母の漬け物は非常に味が良く，二度漬けによって美味しい漬け物を作っていたことを思い出したのである。そこから明太子も二度漬けによって美味しくなるのではないか，というヒントを得て，実際に製造してみると非常においしい明太子ができたのである。一度，調味料に漬けたスケトウダラの卵を取り出し，もう一度，漬け込むことで，味が卵によく浸みておいしい明太子ができた。二度漬けには二週間の時間が必要で，多くの手間がかかるのであるが，明太そのものが熟成して自然にコクと旨みが増し，マイルドな味の明太子が出来上がった[7]。このようにして，1973年から「味のめんたい福太郎」として，製造・販売がスタートした。「福太郎」ブランドの誕生であった。明太子は1975年の新幹線開業以降，全国的に福岡名産品として知られるようになり，福太郎の明太子の販売も順調に拡大することになった。その後，福岡の天神岩田屋，また福岡以外の大都市部のデパートにも出店するようになり，「福太郎」ブランドも全国的に知られるようになっていった。現在では，「福選」や定番の「好味（こうみ）」など様々なラインナップを揃えた辛子明太子を販売している。

　1980年代以降，明太子の全国的に知名度の向上と食卓への浸透，あるいは外食産業や加工食品としての利用が増加することで，福太郎の明太子の販売も急増していった。こうして，卸売業から川上の製造業へと垂直型に多角化を成

108 第Ⅱ部 事例編

し遂げることになるのである。

（4） 新規商品の開発：「めんべい」の誕生

「福太郎」ブランドの辛子明太子の製造・販売で大きな成功を手に入れたが，1990年代バブルの崩壊以降，徐々に辛子明太子の成長が鈍化し始めるようになる。経済の縮小だけでなく，健康志向の高まりから一般消費者が塩分をさける傾向になってきたことも影響したのであろう。また，辛子明太子を取り巻く環境が変化していく中，次に成長を牽引する製品開発の必要が生じていたのである。一方，明太子は消費期限に限りがあるため，毅氏は辛子明太子にはない特徴を持った製品の開発を目指すようになる。開発のコンセプトは，「常温・手軽・安価・賞味期限が長い」ということである。

そこで，誕生したのが後に大ヒット商品となり山口油屋福太郎を代表するお菓子「めんべい」であった。「めんべい」は，辛子明太子を練り込んだせんべいである。一般的なせんべいは混ぜ物を入れると割れやすくなるため，ロスがどうしても大きくなる問題があった。しかし，山口油屋福太郎では逆転の発想で割れやすいせんべいを作ることを考えたのである。当然，製造工程で生じるロスも大きくなるが，そこをはじめから計算に入れることで商売として成立するように工夫をしている。一方で，「めんべい」の製造には辛子明太子の開発で培った自社のフリーズドライ製法も取り入れられており，自社の技術が有効に活用できる利点があった。

こうして，「めんべい」は2001年に製造・販売を開始することとなった。イカやタコなどの海鮮を明太子とともに練り込み旨みを凝縮したせんべいである。発売後，「めんべい」は同社の大ヒット商品となり，その後，「めんべいプレーン」の他に「めんべい ねぎ」，「めんべい マヨネーズ味」，「めんべい たまねぎ」，「勝つめんべい（かつお）」など様々なテイストを持つ商品を発売することになる。さらに，九州を中心に熊本のアカ牛を使用した「熊本めんべい」，宗像産わかめを使用した「宗像わかめんべい」，沖縄のラフテー・シークワーサー風味の「沖縄めんべい」などの「ご当地めんべい」を開発している。

「めんべい」の成功によって，山口油屋福太郎は辛子明太子の製造技術・ノ

ウハウを活かして,再び,水平的な意味での多角化を図り,食品メーカーとして新しい事業の柱を手に入れたのである。同社の新しい事業開発,イノベーションに努めるという姿勢の結果である。

『福太郎の明太子をふんだんに使った,ほんのり辛いおせんべい』
　昔なじみのおやつ,おせんべい。生ものである明太子を,なんとか違う形で多くの人に楽しんでもらえないか,そう考えて行き着いたのが「明太子とおせんべいの融合」です。新鮮な福太郎の明太子を独自の製法でおせんべいに練り込み,さらにイカやタコといった海鮮で旨味を凝縮します。パリっと食べられるおせんべいなのに深い味わいがあるのは,これら海の幸の恵みです。

『お子様からお年寄りまで。幅広い年代に支持されるめんべい』
　幅広い年代層に支持され続けているめんべい。販売を開始した平成13年より,口コミで大人気となった理由は,もちろんその美味しさ。お子様でもおいしく食べられるやさしい辛さとパリッとした食感,豊かな海鮮の風味は食べたらやみつきに。さらに,2枚×8袋入りのパッケージで税込み480円とお求めやすい価格を実現したところにも,爆発的ヒットの秘密が隠されています。

図表6-1　山口油屋福太郎「めんべい」

（出所）（株）山口油屋福太郎HPより
　　　《https://www.fukutaro.co.jp/company》(2019年1月31日)。

（5）　消費者との接点：飲食事業・温浴施設への参入

　1997年には福岡市天神地区周辺に直営の複合ビル「天神テルラ」をオープンさせる。同ビルは,居酒屋,カフェ,日本料理店,バー・レストラン,宴会場を備えた飲食の総合店舗であり,山口油屋福太郎が直接,消費者と接する施設である。また,福岡市早良区の国民宿舎を買い取り,2004年には温浴飲食施設である「湧水千石の郷」をオープンさせている。これは,同地が毅氏の出

身地でもあり，地域からの要請，毅氏の地元への恩返しという側面もあった。この他，2005年からは福岡県筑紫野市にある「筑紫野天拝の郷」で運営にも携わっており，飲食・温浴事業という新しい事業を展開している。

これまで食品卸売業としては，飲食店や食品加工業者が顧客であったが，飲食事業，温浴事業に参入することで，自社が取り扱う商品，製造する商品の最終消費者と直に接することで，消費者の嗜好やその変化，市場の動向を肌で感じることができるのである（温浴施設にはレストランも併設されており，飲食事業を行っている）。いわゆる川下へと事業を広げ，飲食店を直接，経営することで，食品卸売業の顧客ニーズを把握することができ，その情報から飲食店，食品加工業者に対して様々な提案をすることができるというメリットもあった。

3.　事業の多角化

（1）　危機への対応と事業の多角化

これまで山口油屋福太郎の創業と事業展開について触れてきた。

① 　総合卸売業への転換

② 　食品メーカーへの進出：辛子明太子の製造

③ 　新規商品開発：「めんべい」

④ 　消費者ニーズの把握：飲食・温浴事業

同社は食品卸売業を核として，川上である食品製造，川下である飲食事業に進出することで垂直的な多角化を図るとともに，新規商品など横への広がりを求めて水平的多角化戦略をも実践してきた企業である。同社へのインタビューからは，「多角化は結果である」とのことであったが，同社が失敗をしつつもこれまで事業を継続し，成長してきた理由は，自社の置かれている環境を冷静に分析し脅威をチャンスに変える戦略を取ってきたこと，同時に，時代の変化を先取するための努力を惜しまなかったことにある。

これはファミリービジネスに限らず，どの企業においても必要とされることであり，企業は常に，市場や社会経済環境の変化が自社製品・サービスの陳腐化を招くという事業リスクにさらされている。様々なリスクに向き合いながら技術やプロセスのイノベーションを希求し，それに成功しなければ企業として継続することはありえないであろう。山口油屋福太郎のモットーは「人がやらないことをやる」ということである。この精神で，独自の技術開発を実践してきたのである。

では，次に山口油屋福太郎の歩みから，リスクが顕在化し危機に直面した際の対応，時代を先取りする対応について振り返ることで，ファミリービジネスにおける事業多角化について考える。

(2) 山口油屋福太郎の生業

食用油卸売業の利益が薄い中で，「ついでに持っていく」という発想から食用油以外の様々な食材・資材に販売を広げることで総合卸売業としての基礎を築き発展してきた。正に既存の流通経路を通じて事業の多核化を図ったのである。現在でも，山口油屋福太郎では，食用油，調味料，惣菜・珍味類，乳製品，穀類・乾物，冷凍食品，飲料・酒類，輸入商材など15,000点を超える多岐にわたる食材を取り扱っている。また，売上高の半分以上が業務用食材卸部門で占められており，辛子明太子事業などで多角化を進めながらも，本業である総合食品卸売企業として存在しているのである。

山口油屋福太郎の生業は油卸であり，その精神は「福太郎」ブランドのロゴに体現されている。油売りに使用される天秤棒から，『世界万国「天秤」＝正確・正直の代名詞となりえるこの点に着眼し，私達は天秤と油を入れたまっすぐな樽を百という字になぞらえてデザイン化し，今迄の百年と新しい百年へ向かっての想いを今回のシンボルマークといたしました』[8)]とある。メーカーの価格交渉力が強く食用油卸の利益が薄くなった時期においても「商売には良い時期もあれば悪い時期もある」と長期の視点に立ち

図表6-2 「福太郎」ロゴマーク

ビジネスを継続できることはファミリービジネスの特徴である。また，事業の多核化を進めても，生業を大切に守り続けることはファミリービジネスの矜持である。

（3） 製造業としてのリスク管理と独自技術

辛子明太子という食品製造業に進出することでメーカーになるという目的を果たし，垂直的多角化によって食品総合企業としての道を進むことになった。新たな事業を手に入れることで，卸売業としてのリスクは分散化される一方で，食品製造業としてのリスクに晒されることになる。

1970年代後半，200海里問題（現在の排他的経済水域）がクローズアップされ海洋資源管理が世界的に議論されるようになるとその影響を受けて，明太子の原料であるスケトウダラの漁獲高が一挙に減少することなった。一時期，100万トンを超えていた漁獲高が30万トンまで減少し，原材料費が高騰することとなった。食品製造の原料は天然資源であり，その管理政策上，自然由来のリスクや制度変更のリスクに晒されることになったのである。その時の教訓から，明太子事業の業績が伸びていても「明太子の売上は全体の20％を超えない」ことでリスクコントロールを行っている。

また，辛子明太子の製造は先行する企業が存在し，それも模倣することからスタートしている。しかし，同社では「模倣しても必ず新しい技術を加える」ことで差別化を図り，福太郎独自のブランド構築を実践している。先に述べたように，辛子明太子の製造は，二度漬けによって素材の旨みを引き出し，味付けにも独自の工夫を凝らしているからこそ，市場で受け入れられ，成長に結びついたのである。

一方，辛子明太子の事業が成長・拡大する中で，明太子関連の様々な製品の開発に乗り出すことになる。漬け込んだ明太子の内，商品として利用できないものを活用することでロスを減らしたいという理由があった。いわしの腹に明太子を詰めた「いわしめんたい」やイカと和え物なども商品を開発・販売している。これらは，他社でも販売されているもであったが，ここでも製法に独自の味付けを加えている。製造過程においては「模倣はするが，一工夫する」こ

とで差別化と同時に自社技術を培っているのである。また，辛子明太子製造過程で培われた独自のフリーズドライの技術は，「めんべい」の製造にも活かされている。

（4） 時代を先取りする

「めんべい」の開発は，成長が鈍化していた明太子事業を補完するものであった。2001年の製造開始から生産量は増大し，現在では，山口油屋福太郎を支える成長事業の柱となっている。ただし，開発当初は，辛子明太子の販売は好調で，お菓子作りという新しい事業への参入に対しては社内でも消極的な雰囲気があったようである。その中で事業を推進していったのは，素早い意思決定と常にイノベーションを志向し，次の一手を考えるという経営者の判断である。また，飲食事業や温浴施設への進出には，川下の消費者ニーズを把握し，市場動向を見極めるという目的があった。時代の変化にプロアクティブに対応することは経営の根幹でもあるが，それを素早く実践・継続することができるのはファミリービジネスだからこそ，である。

（5） ファミリービジネスにおける多角化

ファミリービジネスの特徴は，ファミリーによって経営と所有が一体化されることで，

①経営者がリーダーシップを発揮し素早く意思決定を行うことが可能

②短期的な収益性に左右されずに，長期の視点に立脚した事業投資・運営が可能

であることが特徴である。もちろん，これらはメリットともなると同時に，デメリットをもたらす場合もある。しかし，所有・経営のガバナンスが有効で適切な意思決定ができる環境にあれば，ビジネスサイクルによる変動や自然現象による大きな外的ショックによって，経営環境が悪化しても将来，「儲かる時期も来るだろう」という長期の視野に立って事業運営ができるのである。

山口油屋福太郎の場合は，これまで経営者の判断・リーダーシップで危機や脅威をビジネスチャンスに変え，時代の変化にプロアクティブに対応し，事業

114 第Ⅱ部 事 例 編

を多角化することで成長を続けてきたのである。川上，あるいは川下へ向かって垂直的な統合を進めている企業でもあり，100年を超える老舗企業として事業を継続してきたのである。

　一方で，ファミリービジネスであるからこそ事業が多角化しても，生業である「油屋」を大切に守り続けている。これはファミリー企業の根幹である取引先，顧客との「縁」を大切にするということに結びつくものである。同社のHPでは，「油を売る」語源について『油を柄杓で計り売りするときに，粘度が高く，ツーッと糸を引いてなかなか切れない。柄杓の油が全部注がれるまで，油屋とお客は世間話をしながら待っていた。これが「油を売る」ということわざの語源になっているというのは有名な話です』[9] と触れられている。生業である「油を売る」ことで顧客，取引先を含む地域社会との関係性を大切にする思想が読み取れる。

4. 地 域 貢 献

　ファミリービジネスは地域社会との関わりの中で生産活動を行っており，その多くは地域社会・経済において必要不可欠な存在でもある。ファミリービジネスは，地域社会に支えられる存在でもあり，地域社会もファミリービジネスによって支えられている部分がある。山口油屋福太郎も福岡を地盤とする企業であり，地元福岡における様々なステークホルダーとの信頼関係を大切にする企業である。温浴施設事業でも触れたが，同事業に進出するきっかけは，毅氏の地元からの要請でもあった。一方，同社からするとその要請によって新しい事業に参入することで，消費者の動向把握や，そこでの運営ノウハウから食品卸売業での顧客提案に繋げているのである。ファミリービジネスの特徴が長期的な視点に立った事業運営といっても，ビジネスの中において地域貢献をどう位置づけるかという戦略を明確にしなければ，継続することは難しいし，継続しない貢献は社会的には意義をなさない。ビジネスによる最も直接的かつ効果

的な地域貢献は雇用創出などの事業活動を通じた貢献である。

　以下では，山口油屋福太郎の北海道への事業進出を通してファミリービジネスの地域貢献について考える。

（1）　九州から北海道へ

　「めんべい」も辛子明太子と同じく原材料が食品であるため，天候などの自然現象に左右される。2011年には前年の天候不良が影響して，主要原料であるでんぷん粉が不足する状況に陥った。めんべい事業が大きく成長し，ただでさえ大量の原材料の必要な時期に不作による影響で，でんぷん粉が十分に入手できないという危機に陥っていたのである。

　そのような中，当時社長であった山口毅氏が就寝前に NHK ラジオを聞いていると，北海道東部オホーツク海に面する小清水町で街おこしの一環として若者らが巨大でんぷん粉団子を作りギネスブックに申請したというニュースを耳にした。「大きな団子を作れるくらいなら，ジャガイモでんぷん粉がたくさんあるはずだ」[10]と思い，早速，北海道に飛んで小清水町 JA の理事長や小清水町長と面会し，山口油屋福太郎が置かれている厳しい状況を説明し，何とかでんぷん粉を融通してもらうよう談判をしたのである。

　何度も交渉する内に，原材料の調達の目処が立ったのだが，その過程で小清水町の町長から現地北海道でも生産してみませんか，と話が出た。その頃，小清水町では過疎化が進行し，若年人口の減少から5つの小学校が統廃合することになっていた。町長からの提案は廃校を買い取って工場に転換し北海道で生産をしないかということであった。実際，毅氏が廃校を視察すると，工場としている利用できそうな学校があり，結果的に，2校を購入することになったのである。

　毅氏がラジオ放送を偶然にも聞いたことがきっかけとなって，山口油屋福太郎は北海道に進出し，購入した北陽小学校（敷地約 35,500㎡）に約6億円を投資して 2013 年7月に小清水北陽工場を稼働させることに至るのである。

　この北海道進出は，山口油屋福太郎にとって次のようなメリットをもたらすことになる。

① 主要原材料である不足していたでんぷん粉の入手と今後の安定供給
② 新工場の建設による「めんべい」生産力の増強
③ 北海道産品と同社の企画力・技術力を活かした新商品の開発

北海道にはでんぷん粉以外にも「めんべい」の原材料となる食品が揃っており，新商品の開発によって「めんべい」の事業拡大を図ることが出来たのである。

一方，小清水町としては，廃校を売却することができると同時に，
①新工場の進出による地域雇用の増大
②JAを通して地元産ジャガイモを原料とするでんぷん粉の安定供給先の確保
などのメリットが期待されていた。このように，山口油屋福太郎と小清水町の相互の思いが一致をした結果が，福岡から1,700km離れた北海道進出に繋がっているのである。

福岡から工場長を派遣（当時）し，技術指導することで現地での生産体制を整えると共に，社員旅行の機会を利用して，北海道社員を福岡に，逆に福岡の社員を北海道工場に，と言う形でコミュニケーション醸成にも配慮した運営に努めている。新工場建設で，30人を超える雇用を生み出したことは，過疎化が続く地元にとっては大きな貢献となっている。

結果として，山口油屋福太郎は北海道に進出することで，生産力の増強と原

図表6-3　福太郎小清水北陽工場

（2018年11月筆者撮影）

材料の確保に成功することになった。筆者のインタビューでは、「社長がラジオ放送をたまたま聞いたことが発端である。行ってみると廃校を買わないか？ということから北海道進出となった」とのことであった。しかし、きっかけはそうであったとしても、実際に社長自らが北海道まで飛んで、原材料の買付交渉を行い、廃校の購入を決め、新工場の建設に繋げたのである。「たまたま」という部分もあるが、危機に際してチャンスを見いだし、素早く自ら行動し、意思決定をするという経営者のリーダーシップによって危機を乗り切ったのである。毅氏は「いい商品を作って恩返しがしたい」[11]と北海道工場を通じた地域への貢献にも言及している。

　また、北海道工場の稼働と同時に新製品である「ほがじゃ」を発売することになる。「ほがじゃ」は北海道内限定で販売される海鮮せんべいで、新工場に近い女満別空港や新千歳空港でも販売されており、北海道の新しい名産品として観光客、消費者からの支持を得ており、オホーツクお土産グランプリでも金賞に輝くほど好評である。加えて、新工場では「めんべい」「ほがじゃ」あるいは「福太郎」ブランドの辛子明太子など各種の製品の直売店を設けており、バスツアーのルートに組み込まれるなど観光客や地元の消費者の交流場所ともなっている。「ほがじゃ」の販売網は、空港内施設、道内百貨店をはじめとして200店舗を超えるまでに成長し[12]、北海道経済に大きく貢献しているのである。

(2)　過疎地域における地域振興：福岡県添田工場建設

　北海道への進出に伴い、原材料の安定的な確保と新工場建設によって、大幅な生産力の増強を図ることができた。一方で、「めんべい」の需要は益々増大し、更なる生産力の増強が望まれるようになっていた。福岡では、英彦山工場がその生産拠点であったが、更なる工場を建設する必要性に迫られていた。そこで、添田町から誘致のあった旧福岡県立田川商業高校跡地（42,000㎡）の半分を買い取って、第二工場を建設することになったのである。北海道小清水町と同じく廃校を利用した生産拠点の拡充である。

　工場は、2014年7月に完成・稼働し、直営店を併設するとともに、福岡市

南区五十川の本部にある明太子工場と同じく、工場見学ツアーや昼食弁当の提供などを行っている。北海道と同じく過疎化が進展する添田町にとっては、雇用の創出とともに観光施設としても地域に貢献する存在となっている。

北海道小清水町の北陽工場,添田工場における廃校を利用した地域貢献では、中小企業庁の「がんばる中小企業・小規模事業者300社」[13]にも選定されている。

(3) クラブと若年層の雇用：チーム「福太郎めんべい」

山口油屋福太郎にはバスケットボール部があり、地域におけるスポーツ活動も支援している。現会長の山口毅氏は高校時代にバスケットボール部に所属しており、1994年には福岡市のバスケットボール協会の会長も務めている。バスケットボール部創部のきっかけは、九州産業大学バスケットボール部の監督から選手の就職が決まらないとの相談を受けたことであった[14]。その後、1997年に本社敷地内に体育館を設けてバスケット部を創設し、2005年には全国クラブバスケットボール選手権で優勝している。全国的も強豪チームとなり、現在もチーム「福太郎めんべい」の部員の多くは社員をベースに構成されている。

また、バスケットボール部以外にもソフトボールチームの「福太郎めんべい」もある。こちらは、添田工場の敷地内にグラウンドと選手寮を備えており、同

図表6-4　福太郎添田工場（福岡第二工場）

(2018年8月筆者撮影)

部の選手たちが社員として添田工場に勤務している。選手たちの多くは九州地域の出身者であるが，関東・関西の出身者も在籍している。筆者が同工場を訪問した際も，ソフトボール部の選手たちが社員として，接客などの業務を行っていた。

クラブ活動は社業においてもチームワークの醸成に繋がっており，それが会社全体に好影響を与えている。部員の離職率も低いとのことであった。クラブ活動を通じて地域のスポーツ振興に貢献すると共に地域の活性化にも貢献しているのである。ファミリービジネスの本質は人との関わりを前提としたビジネスである[15]。人を育てることで地域に貢献しているのである。

5. 今後の事業展開と課題

山口油屋福太郎は，総合食品卸売業から様々な多角化戦略を実践し食品メーカーへ事業を拡大しながら成長を続けてきた企業である。「人がやらないことを」モットーに独自の技術を培ってきたのである。食品製造での主力商品である「めんべい」の販売が好調で，直近5年間で売上げが倍増している。特に，各地域の特産品を用いた「ご当地めんべい」が業績を引き上げる要因となっている。九州以外の地域でも各地の特産品を利用することで市場を広げることができるため，山口油屋福太郎にとっては九州以外の地域における市場開拓の余地は大きいであろう。「めんべい」のヒットで地元産品を活用した土産物開発に関する相談が多数寄せられており，既に自社のノウハウを活かしてOEM生産の事業をスタートさせている[16]。また，首都圏では，羽田に東京本店を構え，首都圏地域の流通を担うと共にFUKUTARO CAFÉでレストラン・飲食事業を展開している。「めんべい」で培った技術で，更なる多角的なプロジェクトが進行している。加えて，インバウンドの拡大による観光客の急速な増大，特に東アジア地域からの増加は，同社の事業にとっては追い風である。ここ数年はインバウンドのリピーター増加などによって，九州では各県・観光地に跨が

る回遊行動の増加など観光客の質的変化によって，交通結節点となる駅，サービスエリア，あるいはホテルなどの宿泊施設における販売など新たなチャネルにも期待が持てる。

　一方，北海道小清水町や福岡県添田町の工場新設は，新規の雇用や若年層の雇用を生み出し，地域に活力を生み出すことで地域とのつながり・結びつきを強めている。地元での信頼・信用が醸成され，それが新たな事業可能性を生み出す可能性を秘めている。実際，北海道では購入したもう1つの廃校の利用計画が進行しつつあるようだ。

　山口油屋福太郎は，地元に支えられ，地元を支える企業なのである。これまで，会長の山口毅氏は「全国辛子めんたいこ食品公正取引協議会」を設立に参画し，過剰広告の排除など業界の発展や信頼を高めるための活動にも従事し，同協議会の理事，会長を勤められてきた。現在も山口油屋福太郎は業界や地元である福岡を支えるための活動に積極的に取り組み，地域への貢献を続けている。

　これまで考察してきたように山口油屋福太郎は多角化によって，100年を超える老舗企業として事業を継続してきた。一方で，継続した成長で事業拡大，多角化を図ってきたが，逆に多角化された事業をどのようにマネジメントをしていくのかは，今後の課題であろう。事業の選別，統廃合をも視野に入れた経営やマネジメントについて議論が必要となるであろう。

【Review & Discussion】

① ファミリービジネスにおける新規事業・事業転換の特徴について，非ファミリービジネスとの比較から，その違いについて考察してみよう。

② 社会経済環境が変化する中で，ファミリービジネスが地域社会に対して果たす役割・機能について整理してみよう。

③ 山口油屋福太郎の事業ポートフォリオの現状から今後，生じると考えられるそれぞれの事業リスクを整理しその対応策，望ましい事業戦略について考察してみよう。

〈注〉

1) 本章は，株式会社山口油屋福太郎の代表取締役社長田中洋之氏，常務取締役財務部長樋口元信氏とのインタビュー，ならびに明治大学専門職大学院グローバル・ビジネス研究科「青井記念講座ファミリービジネス・マネジメント論」における講演録をベースに作成している（田中洋之氏は当時，代表取締役副社長）。多忙な中，快くインタビュー，講演をお引き受けいただいた両氏にはこの場を借りて，深甚なる謝意を表する次第である。
2) 龍〔2014〕6頁。
3)（株）山口油屋福太郎 HP より《https://www.fukutaro.co.jp/company》（2019 年 1 月31 日現在）。
4) 龍〔2014〕7頁。
5) 今西・中谷〔2008〕168 頁。
6) 龍〔2014〕178-179 頁。
7) 龍〔2014〕178-179 頁。
8)（株）山口油屋福太郎 HP より《https://www.fukutaro.co.jp/company》（2019 年 1 月31 日現在）。
9)（株）山口油屋福太郎 HP より《https://www.fukutaro.co.jp/company》（2019 年 1 月31 日現在）。
10)『日本経済新聞』（2014 年 6 月 18 日地方経済面 北海道）。
11)『日本経済新聞』（2013 年 7 月 30 日地方経済面 北海道）。
12)『日本経済新聞』（2013 年 7 月 30 日地方経済面 北海道）。
13) 経済産業省中小企業庁編〔2015〕381 頁。
14) 龍〔2014〕168-170 頁。
15) シュアス〔2015〕3 頁。
16)『日経 MJ（流通新聞）』2015 年 12 月 16 日，14 頁。

〈参考文献〉

今西一・中谷三男〔2008〕『明太子開発史：そのルーツを探る』成山堂書店。
経済産業省中小企業庁編〔2015〕「がんばる中小企業・小規模事業者 300 社 2015」。
シュアス，ヨキアム（長谷川博和他訳）〔2015〕『ファミリービジネス―賢明なる成長への条件―』中央経済社。
龍　秀美〔2014〕『人は人を浴びて人となる―山口油屋福太郎百年の思い―』山口毅発行。

（山村能郎）

第7章

《日新製薬》

2代目婿養子のイノベーション経営と経営哲学

— **本章のねらい** —

　本章は，2代目の婿養子が，創造・革新性と社会貢献の強い意識を持って創業者事業を更に拡大させた事例として山形県天童市の製薬会社である日新製薬を取り上げる。創業者大石季（としみ）氏は，1949年にジェネリック医薬品製造会社である日新薬品（株）を設立し，1957年に分社化して日新製薬（株）を設立した。創業者の力で1975年には，社員35名，売上1億円の企業まで成長した。しかし，その頃には創業者大石季氏の意欲も徐々に衰え，経営力が低下し始めていた。その時に婿養子であった大石俊樹（しゅんじゅ）氏が1975年に入社し，「社会になくては困る会社に育てる」強い意識の基に，同社を，2017年度には社員数1000名強，売上190億円，当期利益16.7億円のジェネリック医薬品製造会社として，日本で最も高い製薬技術力をもった企業に成長させた。日新製薬を学習する本章での狙いは，以下の5つである。

① 婿養子であるからこそ力量が発揮できたと思われるポイントを理解する。
② 大石俊樹社長の社会正義と経営哲学の意義について理解する。
③ 優秀な人材を確保し養成する方法の本質を理解する。
④ 資金調達と株式価値の考え方を理解する。
⑤ 後継者の養成と親族配慮の工夫を理解する。

■ **キーワード**

事業イノベーション，婿養子，高度技術人材確保，後継者人材養成，経営理念，地方経済貢献

〈会社概要〉

商　　　号：日新製薬株式会社
本社所在地：山形県天童市清池東二丁目3番1号
資　本　金：5,000万円
代　　　表：代表取締役会長　大石俊樹，　代表取締役社長　川俣知己
売　上　高：190億円
従 業 員 数：約1,000名強（日新薬品（株）85名を含む）
事 業 内 容：医薬品，医薬部外品，食品の製造，販売
（沿革）
1949年　医薬品販売会社である日新薬品（株）設立。代表取締役　大石季。
1957年　日新製薬（株）を設立（医薬品研究所を分社化）。資本金100万円。
　　　　代表取締役　大石季
1984年　代表取締役　大石俊樹　就任
2011年　グッドカンパニー賞グランプリ受賞。山形県発明協会会長賞受賞。山
　　　　形県産業賞受賞
2013年　荒谷工場（24,661㎡）竣工

1. はじめに

　日新製薬株式会社は，山形県を代表する優良企業で，ジェネリック医薬品メーカーとして，近年大きく成長した中堅企業である。日新製薬と日新薬品は兄弟会社で，日新製薬が製造，日新薬品が販売を担当している。同社の2017年売上高は190億円，当期利益は16.7億円となっている。規模的には他に大きい企業があるが，ジェネリック医薬品の製造技術力と品質の高さで日本一といわれる。ジェネリック薬品とは，特許切れの医薬品の製造成分を基に，飲みやすさなどの使用性を高めて製造された後発医薬品をいう。2代目社長大石俊樹社長（以下俊樹氏と略）が，経営戦略として，社運をかけてジェネリック医薬品製造会社への発展を推進し，成功させた。

　2011年に代表取締役の俊樹氏は，県知事吉村美栄子から山形県産業賞を受賞した。山形県産業賞は，山形県内で産業の発展に貢献し，功績顕著な個人団体に贈られるものである。2011年に受賞した企業は，日新製薬をはじめ4企業で，日新製薬の表彰理由としては，「強力な光パルスを照射してポリエチレンボトル注射剤を最終滅菌する技術を世界で初めて実用化したことなど，高度な技術に基づき積極的な経営方針で業容を拡大，地域雇用の創出にも大きく貢献した。地域の活性化やスポーツ振興などにも寄与している」と記されている。就職先としても人気が高いそうである。

　日新製薬を学習する狙いについて解説すると，以下の5つである。このねらいが，本ケースを理解し考察するポイントとなる。

① 大石俊樹社長が婿養子であるからこそ力量が発揮できたと思われるポイントを考察する。日本の老舗企業の研究の中で，老舗企業が事業承継して100年以上の継続した経営を維持していく際の重要ポイントの1つに，婿養子制度があると言われる。また，老舗企業になるためには2代目に能力のある人材を確保できるかが重要と言われる。婿養子制度と2代目経営者問題を理解し考察したい。

② 大石俊樹社長の経営哲学について考察する。天性とも実家の家系の影響とも思えるが，社会正義と地域経済への貢献の意識が非常に強い。「社会にないと困る会社」になるという経営哲学が，どのようにジェネリック医薬品に社運をかけさせて，どのように発展したか，また，山形県地域経済に貢献する有数な企業としてどのように発展したかを考える上で良い事例である。

③ 大石俊樹社長の優秀な人材を確保する方法を考察する。大石俊樹社長は，会社発展のために外部から優秀なエンジニアを平均給与の2倍近い高給で迎えた。それが，大きな企業発展の基礎となった。大石俊樹氏は講演会でも，優秀な人材は高給を払って確保すれば良いだけだと話すそうである。しかしそれが平凡な経営者には難しい。ここには大きな論点が潜んでいる。

④ 大石俊樹社長の資金調達と企業価値の考え方を考察する。俊樹氏は，銀行に「売上高と同額は無担保で融資すべきだ」といって，銀行を説得して，無担保で融資してもらっている。このことはファイナンス理論の株主価値評価理論及び事業性評価と大変関係が深い。コーポレートファイナンス理論を専門にする筆者からみても興味深い表現である。良い事例なのでその合理性を考察したい。

⑤ 最後に5点目は，後継者の養成と配慮の工夫を考察する。3代目として，俊樹氏の子供は男子二人である。日新製薬と日新薬品は，それぞれ製造と販売の兄弟会社である。子どもに会社の理念を伝え，いずれこの2つの会社の社長になることを展望している。この2つの会社を用意して，兄弟の力を引き出す戦略と見える。また，昨年俊樹氏は，日新製薬（株）の社長を退任し，会長になった。社長には，今まで二人三脚でやってきた川俣知己（常務）が就任した。親族以外の社員であるが，創業期からの貢献者である川俣氏を社長としている。企業を経営する能力と親族のバランスというファミリービジネス独特の問題を考察したい。

2. 日新製薬の創設と創業者である大石季氏の事業展開

　初代社長大石季（としみ）氏（以下季氏と略）が，日新薬品を創設した時代を振り返る。季氏は，戦前東京の日新医学社に就職した。日新医学社は，山谷徳次郎が創設した会社である。山谷は，東京帝国大学で学んだ秀才で，医療ジャーナリストの草分けといわれる。太平洋戦争が始まると季氏は出征。なんとか生きて帰国した後，戦前に手掛けていた医薬品の販売を再開することを決意し，日新薬品株式会社を設立した。

　戦後の物資不足の時代には，薬品の販売は順調に拡大した。季氏は，戦後の当時山形県の医師たちが，薬不足の状況に対して，協力して薬の製造会社を設立したのをみて，これをビジネス機会と判断し，1953 年に，日新薬品から分離した形で，医薬品の開発研究部門である医薬品研究所を設立した。1957 年には，研究所を発展的に解消し，季氏が代表取締役となって日新製薬株式会社（資本金 100 万円)を設立した。翌 1958 年には八幡石工場が完成し，ジェネリックの注射剤の製造を行った。当時からジェネリック医薬品市場はある程度の市場規模になっており，その流れに乗って日新製薬は，その後も順調に発展し，1970 年には山形県天童市に東北工場を竣工した。この工場の広さは 6042㎡である。なお，東北工場の竣工とともに，八幡石工場の機能のすべてが東北工場に移されている。

　さらに 1975 年には，東北工場に隣接する土地 3526㎡の土地を買い取り，工場を拡大する意思をもっていた。季氏は，一応小さいなりに医薬品製造に乗り出し工場も立てた。天童市では商工会の経営者のあいだでも存在感を示すようになっており，創業者としては成功者といえる。しかし，この頃から日本の経済成長が本格化し，市場には日新薬品の製品の品質を上回り，しかも安い価格の製品が次々と登場してきた。この頃の日新製薬の技術力は高くなく，生産効率や生産管理技術のレベルが低レベルのままであり，季氏の経営力の限界ともいえるが，新たな経営戦略を打てずに業績も赤字すれすれに低迷し始めた。社

員の勤労意欲も低迷し始めた。季氏には，二人娘しか子供はいなかった。妹は先に青森の薬局の子息に嫁ぐことが決まっており，長女るり子は，当時現きらやか銀行（当時殖産銀行）に勤務していた。したがって，後継者は，長女るり子の娘婿に期待するしかなかった。

3. 2代目社長大石俊樹氏実家の家風と結婚

2代目社長の大石俊樹氏は，1947年東京都足立区で生まれた。俊樹氏の実家の廣川家の父親は，廣川六郎氏（以降六郎と略）であり，警視庁交通課勤務の警察官であり，柔術6段，柔道4段の武道の達人であった。一方六郎氏は，現在でも利用されている車のナンバープレートの表記方法を考案するような業績もあり，常に改革を目指す姿勢を持った人物だったようである。更に，六郎氏は，警察官でありながら哲学を学ぶことも好きで，西田幾多郎に師事する等，独自に哲学的思索を深めるような人物であった。後の俊樹氏の経営哲学に大きな影響を及ぼす俊樹氏の社会的正義感は，父親からの薫陶を受けたものであった。六郎氏は，俊樹氏と話をするときに「人はどのように生きるべきか」という哲学的姿勢を常に示したという。俊樹氏の天性の性格としての，革新性と抜群の行動力と社会的正義感は，廣川家からのDNAであるように思われる。しかし俊樹氏は，いわゆる優等生的なタイプではなく，子供の時には運動能力に優れ，行動力のある子供だった。経営者になってからも，思考を伴った行動力は，大きな力になったと思われる。俊樹氏は中央大学商学部に進んだ。卒業は1971年3月である。安保闘争の時期で，勉強どころではなかった時代である。俊樹氏の学生生活は，豪快タイプで，遊びのウエイトの方が高かったそうである。

大学を卒業すると，三菱電機系技術商社である菱電商事に入社した。最初に希望で経理部に配置された。ここでの逸話がある。俊樹氏が入社して2ヵ月後，帳簿の不備に気が付いた。7600万円の売掛金が未収のままで10年間も放置さ

れていた。俊樹氏はこのようなことを看過できない性格で，数か月残業して膨大な伝票1枚1枚をチェックし，未収金の出所を明らかにし，不払い先を突き止めた。不払い先との交渉は，俊樹氏一人で行い，これにより未収金をすべて回収した。入社1年を待たず10カ月後，花形の半導体の営業部に配属変えになった。そこでのエピソードとしては，大手取引先に3%程度値上げを承諾してもらって中小取引先には10%強の値引きをし，中小取引先の取扱高を倍増させることにより，大幅な営業業績を上げたという話がある。俊樹氏の営業マンとしての才覚を示す話である。

営業第一線で活躍している1974年頃，遠戚にあたる大石るり子との縁談の話が持ち上がった。その頃の日新製薬の売上高は約3億円，総従業員47名（日新製薬32名，日新薬品15名）の中小企業である。ただし，工場拡大のための用地は取得済みであった。しかし，当期利益はゼロに近く，このままいけば倒産もありうる状況であった。俊樹氏は，1975年に結婚後，自ら希望して，直ちに菱電商事を退職し，日新製薬に入社した。「自分は製薬事業について何も知らないので勉強するために少しでも早く医薬品業界の仕事をしたい。従業員と一緒に苦労して初めて経営トップになったときに従業員が信頼してくれる。」という意識であった。俊樹氏は，1975年7月に専務取締役に就任している。

俊樹氏が調べてみると，日新製薬の医薬品は競合先よりも15%も価格が高かった。その理由は，不良品率が20%とあまりに高いことにあった。俊樹氏は，一番工場を理解している係長を呼んで聞いてみると，「機械が古いことが原因である。新しい機械は，最新式なら1億円はするだろう。日新製薬の現状では買えない。」といった。不良品を下げるメンテナンス費用を調べさせたら300万円程度とわかったので，ただちに対応して，不良品比率を10%に下げた。しかし，まだ高い。俊樹氏は，取引先を回り，「近いうちに期待に応えられる価格にするので，今しばらく我慢して取引してください。」と頼みまわった。その熱意に取引先も同意してくれた。その結果従業員の意欲も戻り，1976年5月の決算では，売上高3.3億円，当期利益280万円と黒字になった。俊樹氏を迎え，陣頭指揮をとった翌年には利益低迷を脱却して黒字になった。リーダーシップの重要性がわかる事例である。

さて，ここで，娘婿による後継者確保について議論を深めよう。俊樹氏は婿養子である。ファミリービジネスの学問研究上婿養子は1つの論点になっている。現在婿養子で成功している世界的にも有名な例は，鈴木自動車の鈴木修会長，Louis Vuitton の Henry Racamier, Walmart の Greg Penner, といったところである。婿養子に関する先行研究である Vikas Mehrotra らの論文〔2011〕"Adoptive Expectations: Rising Sons in Japanese Family Firms" によれば，「1962 年から 2000 年の日本企業の分析により，婿養子の事業承継されたファミリービジネス企業は，実の息子によって承継されたファミリービジネス企業より良いパフォーマンスであった。」と報告している。この論文に言及されているように，実の息子は偉大な創業者の父に対し卑屈になることが多く，イノベーション力を失う傾向がある。また，実の息子は，裕福な生活に慣れて，厳しいビジネスの修羅場に耐えない傾向がある。「船場の婿養子」という話があり，昔大阪の船場商人は，息子より娘が生まれることを望んだ。なぜなら，後継者として，優秀な人材を婿養子として迎えることができたからである。実の息子がいたとしても，実の息子に対し，婿養子以上に努力しなければ後継者になれないプレッシャーをかけることができた。

日新製薬の俊樹氏の活躍においてもまさしくこの婿養子の議論が当てはまる。俊樹氏は，婿養子であるがゆえに，天性の革新性を発揮しえる立場になったといえるし，廣川家の質実剛健の家風の中で育ち，裕福な生活を送ったひ弱な精神の人物ではなかった。後述するが，実家の父親六郎氏の哲学である警官としての社会正義に対する意識が，健全な医薬品製造に大きく貢献することになったと思われる。季氏が，俊樹氏の力量をここまで見抜いて婿養子に迎えたわけでもないようであるが，結果的にまさに理想的な婿養子を獲得できたといえる。

4. 事業イノベーションへの挑戦

（1） ジェネリック医薬品業界事業とビジネスモデル

　ジェネリック医薬品は，特許がきれた医薬品を先発新薬と全く同じ有効成分を使って製造販売する医薬品のことである。特徴は，有効性が確認されている医薬品が，特許が切れたことで，少ないコストで製造販売できることである。先発新薬には，開発のための全費用が付加されているが，ジェネリック医薬品の開発は，先発医薬品と同等性を示すことで承認が下り（因みに1規格1品目で3000万円～5000万円必要），有効性まで確認されている医薬品の製造である。ジェネリック医薬品は，先進国家では医療費の削減につながり，患者にとっては費用負担が小さくなる。まさに社会的に大変重要な役割を果たしている。

　日新製薬にとって追い風になったのは，ジェネリック医薬品の社会的重要性に厚労省が気づき，2002年に，厚労省がジェネリック医薬品の拡大を推進する方針を打ち出したことである。また2005年には薬事法が改正され，医薬品製造の全面外部委受託が解禁になったことも大きな追い風であった。

　大手医薬品メーカーがコスト削減の観点から外部委託製造を活用し始めた。厚労省は2007年に，2012年までにジェネリック医薬品の全医療用医薬品に占める割合を30％にする目標を策定した。2009年度においては，日本の医薬品市場の規模は，6.8兆円で，そのうちジェネリック医薬品の市場規模は約0.5兆円で，10％にも満たなかった。この追い風を俊樹氏は逃さなかった。

　ジェネリック医薬品は，一般的に信頼性に欠けると誤解されていることが多いが，日新製薬では，「先発医薬品からさらにプラアルファの薬を作る創造性と革新性を大事にして創剤する」という哲学をもっている。その結果，日新製薬にとってジェネリック医薬品事業は，先発医薬品と同等の効果を持ち，さらに医療機関や患者がより使いやすい高品質の医薬品を製造する，という革新的技術イノベーション事業を意味した。

(2) 当時の日新製薬の課題

俊樹氏は，1978年当時，日新製薬の現状はなんとか利益を出せる状況になったが，取引先に頼み込んで取引を維持しているものの価格が安い付加価値の低い注射剤の製品では今後立ちいかなくなると思っていた。競争力のある医薬品製造に乗り出すしか生き残る道はないと考えた。

この頃，医薬品製造技術者として準大手医薬品メーカーにいた米田氏が入社した。俊樹氏は，米田氏に競争力のある医薬品製造の戦略の可否について問うた。米田氏はプロとしてのアイデアを持っていた。そのアイデアは，ジェネリック医薬品の製造について，一から開発するのではなく，大手メーカーが作成したデータを丸ごと買ってきて，それを基に自社製品を開発していく手法である。しかし，米田氏は，それでも多額の開発費，情報収集費，生産ライン製造費がかかることを説明した。

(3) 「ニチベリゾン」製造の決断

俊樹氏は，多額の資金調達が必要な投資で，仮に調達できてもその後返済できるような売上と利益になるか不安でもあったが，それでも独自の医薬品製造に取り掛かることを決断した。当時の日新製薬には，錠剤開発を一から作り上げる人材も器具もなかったので，多少費用が高くても，成分データを購入せざるを得なかったし，購入する方がトータルとしてずっと低コストで済んだ。米田氏はある中堅医薬品メーカーの開発データを入手してきた。普通なら，そのデータに基づきすぐ承認申請を提出するところである。しかし，俊樹氏は，「データが本当に正しいかどうか検証しよう」と指示した。すると，なんと，データの試験方法がでたらめだった。当時役所も承認審査が甘かったのである。

この時，俊樹氏が米田氏に指示したのは，「日新製薬は正しいことだけやっていく」ということである。俊樹氏は，ビジネスの成功は，正しいことを貫くことにあると確信していた。どんなにコストがかかろうと，時間を要しようと，人の命にかかわる医薬品製造において，不正は許されないという確信である。実験をやり直し，正しいデータを厚生省に提出して，1978年に日新製薬第1号の錠剤「ニチベリゾン」（腰痛，筋肉痛の薬）が誕生した。

132 第Ⅱ部 事 例 編

この「ニチベリゾン」は，数年のうちに年間売上1億円をもたらす製品となった。その後も着実に成長した。「ニチベリゾン」の成功が自信をもたらし，他の製品にも元気を与え，俊樹氏入社後5年が経過した1980年には，日新製薬は約15百万円の利益を計上するようになっていた。

（4）　受託事業と自社製品の両輪

俊樹氏は，わずか3年で医薬品や医薬品業界について深い知識を身に着けるに至った。当時の俊樹氏は，病院まわりや全国の販社回りをひとりでこなし，山形にかえってくると経理や生産管理をし，さらには今後の生産計画を立て，それを実現するための具体的事業計画を立てるという全行程を一人でこなしていた。その努力は並大抵ではない。しかし，全行程を一人でこなすことが，将来を見通した経営戦略策定を可能にする経営能力開発につながったと思われる。

「ニチベリゾン」製造ラインの設備投資は建物で5000万円，製造設備で8000万円だった。当時の日新製薬にとってかなりおもいきった投資であった。これを通じて技術力を向上させた結果，製造だけの受託案件も増加し，特に1980年から科研製薬の「メコラミン」（神経痛の薬）では，売上6.8億円，利益1.8億円という大きな成果を得た。この大きな利益は，新製品開発と設備投資に再投資した。好循環が日新製薬を大きく成長させていった。また，販売にも投資した。その結果，製造と販売の両輪がバランスよく回るようになり，中堅ジェネリック医薬品メーカーとして地位を確立するまでになった。

（5）　医薬品製造基準において厳密なアメリカ基準を採用し実現

1984年俊樹氏は36歳で代表取締役になり，季氏は会長職に退いた。社長になった俊樹氏は，新製品計画や販売計画を立てそれらを指揮した。米田氏は，医薬品のプロとして今後有望視される医薬品を見つけてきて，製品化のために奔走した。日新製薬の武器となる製品は，徐々に増加し，製造受託先も加速度的に増加して，好循環において大きく発展した。但し，この発展を可能にした1つの出来事がある。

1992 年に外資系医薬品メーカーから製品製造の委託の打診があり，初めてアメリカ大手製薬メーカーの医薬品の基準規程一式が提示された。その基準規程書は厚さ数十センチになるもので，当時の日本の基準からは信じられないほど厳密で詳細にわたっていた。これを見て，俊樹氏は，「これからはすべてアメリカ基準を採用する。正しいことだけやる」と決断した。当時，アメリカ基準を採用できていた日本の製薬企業は超大手数社に限られていた。その最高基準を当時売上高 10 億円程度の日新製薬が実現させたのである。将来この努力の結果獲得した品質管理技術の高さにより，製造受託案件が増加することになる。

(6)　川俣常務に自社開発オリジナル製品製造路線を指示

1988 年製造技術の総責任者であった米田氏が急死し，俊樹氏は，一時茫然としたが，後任の川俣氏（現日新製薬社長）が育っていた。

川俣氏は，1982 年に入社した。日大理工学部薬学科の出身である。川俣氏は，米田氏から薫陶を受けていたが，従来「創造的な製薬を手掛けたい」との強い意志をもっていた。当時 28 歳の川俣氏の才能を見抜いていた俊樹氏は，川俣氏に今後の製薬事業の全責任者を託した。その時に言った言葉は，「会社がつぶれても薬品化学者として誇りのある生き方を続けてくれれば良い。思い切って製品開発に取り組んでほしい」というものだった。この路線は功を奏し，次々とヒット商品を生み出した。日新製薬のオリジナリティに富んだ開発力や品質の高い製剤技術が海外の医薬品メーカーにも知られるようになり，受託事業も拡大した。品質管理体制では，社員の 20％が品質管理に関する仕事を担当している。

1996 年には，世界に先駆けてパルス光滅菌技術を俊樹氏の発案で川俣氏が中心となって開発した。また世界最高水準の品質を誇るポリエチレンボトル入り注射剤製造機を開発した。その結果業績は，2011 年に売上 100 億円に到達した。

2013 年には，世界最先端の技術「フルコンテインメントシステム」が完備された荒谷工場が竣工した。フルコンテインメントシステムとは，危険物を飛

134 第Ⅱ部 事 例 編

散させない仕組みをいうが，そのシステムがあると，ステロイド剤をはじめとする高生理活性物質等の繊細な医薬品の製造が可能になる。敷地面積4万7000㎡，建築面積2万5000㎡である。

荒谷工場は，品質管理体制で日本一のクオリティを自負している。指示系統はタブレット端末を利用する完全ペーパレス・デジタル化システムを完成させた。また入出荷はパレタイズロボットシステムが完全自動化されている。なお，この荒谷工場には秋篠宮紀子殿下も見学に来ている。この荒谷工場の効果により，その後も順調に業績が拡大し，2017年度の売り上げは190億円に達している。現在は国内外のメーカー80社以上から製造委託を受託している。現在売上の60%が受託業務からの売上になっている。

（7） 発展のための人材確保戦略

俊樹氏は，日新製薬の発展に合わせて人材獲得に力を注ぐことになった。この努力により，例えば，大手ジェネリック医薬品メーカーの工場長が入社して技術部門のリーダーとして活躍し始めた。また，製剤技術で日本の50傑に入る人材が入社した。このように人材面でも急速に発展を遂げている。ここで，重要な論点がある。俊樹氏は，有能な人材確保のためには，破格の好待遇条件を提示したのである。有能な人材に対しては，ふさわしい待遇をすべきという哲学を持っている。有能な人材を確保するためには，一般的な平均給与の2～3倍の額を提示している。例えば，米田氏にも平均水準の2倍の待遇を提示している。興味深い話は，次の話である。俊樹氏が講演にいくと，聴衆の経営者が質問し，「当社には有能な人材が不足していてやりたいことができないのです。どうしたらよいでしょうか」という発言がなされる。この時俊樹氏はこう答える。「人材が不足というのは嘘です。有能な人材にふさわしい給与と待遇で迎えれば，大手企業からでも有能な人材は確保できます。人材を獲得しようと思っていないからそうなるのです。」この応答は，内容が深い。

人材不足とは，一般的な中小企業の経営者からよく聞く発言である。ではなぜ，獲得しないのであろうか。それは，その経営者が事業計画を立てられないからである。もし，詳細な自信のある事業計画が立てられれば，2倍の給与を

払っても採算にあうことがわかる。人材不足を嘆く経営者は，自分が事業計画を立てられない経営者であることを白状しているのである。筆者は以前金融機関に勤務していたが，外資系の社員の給与の高さが不思議だった。高い給与を支払える理由は何かと考えてみると，リーダーが，有能な人材を活用して収益を上げるビジネスモデルの詳細を把握しているからであった。ご存知のように外資系金融機関の社員の給与は人事部が決めるのではなく，ビジネスモデルの責任者であるリーダーが決めるのである。中小企業の経営者は，自分のビジネスモデルに責任を持つことのできる立場にあるので，本来は事業計画さえ立てることができれば，有能な人材をいくらでも獲得することができる。

　もう1つ論点がある。日本の上場企業で，有能な社員を中途採用で2倍の給与を支払って獲得することはほとんどないと思われる。それは，終身雇用で，ほぼ平等な給与水準が通常であるからである。例えば，ある部長が，中途採用である課長を2倍の給与で獲得すれば，その課長は，他の課長からイジメにあうだろう。一般的な大企業ではできないことが，中小企業のオーナー経営者ならできる。だれも社長に反対できないからである。これはファミリービジネス企業或いはオーナー企業の発展のための大きなメリットである。オーナーは有能な人材を確保できる特権を発展のために生かさなければいけない。

5.　日新製薬の経営哲学と企業発展

（1）　世界のジェネリック医薬品ビジネスモデルの高度化

　欧米では，早くからジェネリック医薬品の普及が進められており，2016年度の欧米におけるジェネリック医薬品の普及率はアメリカ92％，ドイツ85％，イギリス75％となっている（厚生労働省医政局経済課「平成27年度ロードマップ検証検討事業報告書」みずほ情報総研株式会社）。一方，日本ではようやく72％である（日本ジェネリック製薬協会〔2018〕）。2012年度は26％であったので，

136 第Ⅱ部 事例編

それでも急成長である。しかし，まだ十分ではない。

　日本では，新薬の大手メーカーが医者に手厚い待遇をして，ジェネリック医薬品普及を遅くする努力をしているが，そろそろ医者も医療費抑制の社会的要請を認識してジェネリック医薬品を利用するようになりつつある。世界市場でのジェネリック医薬品市場の規模は，2015年で22兆円であるが，2021年には41兆円に成長するといわれる（Zion Market Research）。この成長性が高い市場において，世界のジェネリック医薬品メーカーが熾烈な競争をしている。ちなみに世界トップ企業は，イスラエルのテバで売上高約1兆円（2015年）である。日本企業は20位に日医工が入っている程度で，日本のメーカーは出遅れている。出遅れている理由の1つは高品質を特徴とするが価格が高いことにあるといわれる。しかし，俊樹氏は，最高のクオリティを目指すことは絶対に守るべき大原則だと考えている。

　目下，日本のジェネリック医薬品メーカーは，厚労省のジェネリック医薬品使用率80％を目指して増産しているが，その後は，高品質を武器に，世界市場に参加することになる。荒谷工場には，世界一日本一の技術や設備が多数存在するようになったのである。日新製薬では荒谷工場が竣工した後は，受託製造の仕事が急増しており，ファイザーをはじめとする世界の一流の医薬品メーカーからの委託生産の話が増え始めた。

（2）　大石俊樹社長の経営理念「なくては困る会社にする」

　俊樹氏が卓越した経営能力を有し，日新製薬の発展を可能にしたことは間違いないが，その中でも，俊樹氏が，当時の日本の中で業界としてはある程度適当に処理することも許されていた環境の中で，甘えは許さず，高い品質と高い技術力を目指し，絶対に妥協を許さない経営理念を貫いたことが，企業発展の最大要因ということができる。「安かろう悪かろう商法は絶対にしない。医薬品である以上高品質の追求は会社の使命である」との信念を貫いた俊樹氏の経営理念が成功に導いたといえる。なぜなら，ジェネリック医薬品製造会社というビジネスモデルにおいて，成功するための最も重要なポイントは，高い品質と安心感を実現する技術力であるからである。ジェネリック医薬品は，特許切

れで安い製品を作ればよいというものではない。安くても元の先発新薬より品質が悪い印象をもたれれば消費者は買わない。先発新薬に付加価値をつけて，さらに良い品質のものを製造することが必要である。

　俊樹氏がジェネリック医薬品製造技術の高度化に注力し始めた時代の背景には，日本がジェネリック医薬品の高度化を必要とし，また，世界が医療費高騰に対してジェネリック医薬品を必要とする時代になった時代の変化がある。俊樹氏の企業観は，次のようなものである。「会社には，あったら困る会社，あっても良い会社，あったほうが良い会社，なくては困る会社，の4種類ある。日新製薬をなくては困る会社にする。」この40年以上にわたる経営努力が，日新製薬をなくては困る会社に育てたということができる。この経営理念の形成には，おそらく警官としての実父廣川六郎氏の哲学の教育，社会善の教育が影響していたと思われる。

6.　資金調達の考え方について

（1）　俊樹氏の金融機関への折衝方法

　筆者は，俊樹氏の経営能力におけるファイナンス分野の感覚にも驚いた点がある。当然いままで述べたような日新製薬の発展においては，積極的な研究開発投資と設備投資が必要になった。その資金の調達において，俊樹氏は，銀行に対し，「無担保で売上高と同等の額まで融資していただきたい」と申し出ている。この考え方で3度無担保融資を引き出し，総額150億円程度を借りた。その際銀行に対し，次のように主張した。

　「金融は，事業を育てるために融資をして，経済社会を発展させるのが本来の機能である。大石家の資産担保に融資をするのは金融のあるべき姿ではない。日新製薬の事業構想に共感していただき，経営能力と将来性を評価して融資を検討してほしい」。

138 第Ⅱ部 事 例 編

　この主張は，まさに現在金融庁が進めている「金融機関で促進すべき事業性評価融資」の概念である。この主張に主力銀行も納得した。俊樹氏は，借りる側の経営者にとっても，担保で融資を受けること自体に，事業性に責任を持たない堕落した経営になるリスクがあると考えている。この「売上高まで無担保で融資せよ」との主張は，実は大変理にかなっている。その理論的解説を次に述べる。

(2)　「売上高まで無担保融資」の理論的解説と資本政策

　この項目で，俊樹氏が「売上高まで無担保融資せよ」と主張したことの理論的妥当性を検証してみたい。信用リスクの計量理論としてよく利用されるMerton の構造型アプローチ理論というものがある。例えば，米国格付け評価機関であるムーディーズの KMV モデルが有名である。このモデルに従えば，結論的ポイントは，株式時価総額と同額まで負債で資金調達しても，倒産リスクは小さいので問題ない，ということである。株式時価総額とは，時価でみた自己資本の価値であるので，時価でみた自己資本比率が 50％以上であれば倒産リスクは小さい，という言い方もできる。さて，次のステップは，売上高と株式価値の関係である。通常アマチュア向けには，株式価値は当期利益の 10倍程度と説明する。しかしプロは，株式価値は DCF 法により評価し，簡単な言葉で言い換えれば，

株式価値＝ 5 年後予想当期利益× 10 倍程度

と評価する。例えば，現在のパナソニックの株式価値は，5 年後の当期利益も今年度の当期利益と同じと評価しているので，株式価値は，今の当期利益の 9.8倍である。市場はパナソニックの 5 年間の成長性を予想していない。日新製薬はどうだろうか。日新製薬の 1975 年度の売上高 3.2 億円に対し，1985 年度売上高は，約 4 倍に近い 11.1 億円である。10 年間で年平均成長率は，約 13.2％の成長率になっている。したがって，5 年後の当期利益の予想値は，現在の当期利益に対し，1.9 倍と約 2 倍になる。

　日新製薬の，1980 年前後の当期利益と売上高の比率をみると，ざっくり 5％程度である。したがって，

　　　　当期売上高＝当期利益×約 20 倍程度

とみることができる。5 年間で当期利益は 2 倍になるから，

　　　　当期売上高＝5 年後予想当期利益×約 10 倍程度

であるということができる。株式価値は DCF 法を利用すれば，5 年後予想当期利益の 10 倍程度であるとわかっているので，

　　　　日新製薬の株式価値＝5 年後予想当期利益×約 10 倍程度

つまり日新製薬の株式価値は，ほぼ当期売上高と等しくなるのである。これで，俊樹氏が，売上高までは，無担保で融資すべしと主張したことの正しさが証明できた。主力銀行も，5 年後に売上高が 2 倍になるシナリオに納得した結果，無担保融資に応じたと思われる。

　このような銀行融資により順調に設備投資が可能であったことから，株式市場からの資金調達はあまり行っていないで済んでいる。これは如何に経営者が 50％以上の株式を保有し続け，経営権を維持するかといういわゆる資本政策問題で悩まなくても良い状況を示している。俊樹氏の意向としては，今のところ上場は考えていないとのことである。高度な技術開発をベースに，大きな設備投資と事業拡大が実現しているが，技術開発の競争力と販売力のペースが重要である。いわゆる IT 企業のような事業拡大を必要とするわけではないので，事業を堅実に拡大しつつ，減価償却見合いと利益内部留保と銀行融資で対応ができる範囲で技術開発投資を実施して，さらに競争力を高度化している好循環優良製造業のケースということができる。

　2014 年 5 月に完成した荒谷工場には 130 億円が投資された。この時の銀行借入は 100 億円である。2017 年には 90 億円（全額銀行借入）が投資され，注射剤工場が完成した。これだけの大型投資が続くと，銀行融資も目いっぱい活用する必要が出てくる。2017 年度は，売上高 190 億円，当期利益 16.7 億円，銀行借入残高 143 億円となっている。無担保融資で 190 億円程度まで融資を受けることができた。

140　第Ⅱ部　事　例　編

7.　今後の課題

（1）　後継者と事業承継対策

　俊樹氏には，二人の息子がいる。長男俊家氏は日新薬品常務取締役で，次男政道氏は，日新製薬取締役生産本部長である。幸い，販売と製造の2つの会社があるので，兄弟で両社の経営者となることを予定している。日新製薬の社長人事として，2018年8月に，俊樹氏は取締役会長になり，新社長に川俣常務が就任した。川俣氏は，入社以来医薬品製造の総責任者として俊樹氏と二人三脚で日新製薬の発展を築いてきた人間であり，パルス光滅菌技術開発の推進者でもあり，誰もが賛成する人事であったと思われる。当面は，俊樹会長と川俣社長の組み合わせで，従来同様に全く心配なく発展していくと思われる。事業承継という意味では，日新薬品の大石社長と日新製薬の川俣社長の世代が，次世代に順調に承継されるかどうかが重要であるが，事業承継は，2つの会社に対して，二人の息子が後継者として育っているので安心であると思われる。

（2）　今後の成長戦略と課題

　2006年に厚労省は，ジェネリック医薬品会社は，先発新薬の全規格を生産すべしという通達，いわゆる全規格対応方針を打ち出した。この通達に対し，ジェネリック医薬品メーカーは共同で対応しようということになったが，この時各社のデータ管理のレベル情報を交換した。その結果，準大手新薬メーカーに比較して，日新製薬のレベルは同等かそれ以上に高いことが判明した。俊樹氏は，「医薬品は，同じ成分でも品質管理で価値が変わる」と説明する。この概念は，医薬品の性格をよく示していると思われる。2014年12月に完成した荒谷工場は，パルス光滅菌という世界最先端の技術を実用化した設備を持ち，日本初のポリエチレンボトルで，世界一の品質の注射剤製造を実現している。また世界最先端の技術のフルコンテインメントシステムを完備した。荒谷工場

は，ペーパレス工場であることをはじめ，多くの日本一の品質管理技術，世界一の品質管理技術を実装している。日新製薬の従業員の20％は品質管理関係業務の人員である。これにより他社から絶大な信頼を得て，製造委託の受託業務が拡大している。国は今後もジェネリック医薬品普及促進策を継続するはずである。したがって，ジェネリック医薬品市場は，現在の5000億円市場から2～3倍の，1兆円市場，あるいは1.5兆円市場になる。

　この時代の到来を予想し，第一三共は，2008年にインドのランバクシーを買収した。ただしこれは失敗している。武田薬品もスイスのナイコメッドを買収した。逆に外資ジェネリック医薬品メーカーが日本メーカーを買収するケースも増えてきている。2011年に世界最大手のイスラエルのテバ社が国内3位の大洋薬品工業を買収した。2015年以降ブロックバスターと呼ばれる大型医薬品の特許切れが始まる。また，ジェネリック医薬品メーカーが注目しているのがバイオ後続品である。バイオ後続品のジェネリック医薬品開発及び製造には，細胞株の開発や治験が求められ，コストやさらに高い製造技術が必要になる。

　ジェネリック医薬品市場は，日本よりも世界の方が大きい。今まで，日本の政府方針に合わせてジェネリック医薬品高品質製造技術の開発をしつつ増産体制を作ってきたが，その拡大も一段落してくると，いよいよ高品質を特徴として，世界の市場に打って出る時期が来ると考えられている。その時には，日新製薬は勿論世界に進出すると考えられる。二人の息子の活躍も期待できる。また，大石俊樹氏自身も，日本のジェネリック医薬品業界から，業界全体が世界に進出するために活躍して欲しいと期待されている。

142 第Ⅱ部 事例編

【Review & Discussion】
① 婚養子と事業イノベーションの関係について，考察してみよう。
② ビジネスにおいて，社会正義感を持った経営理念の意義について，考察してみよう。
③ 一般企業で，なぜ高い給与で優秀な人材を確保することができないのかを，考察してみよう。
④ 売上高まで無担保融資を主張する資金調達方法と株式価値の考え方を，考察してみよう。
⑤ ファミリービジネスの後継者の養成と親族配慮の工夫について，考察してみよう。

〈参考文献・資料〉

Mehrotra, Vikas [2011], "Adoptive Expectations: Rising Sons in Japanese Family Firms," *NBER Working Paper*, No.16874.
厚労省〔2016〕「平成 27 年度ロードマップ検証検討事業報告書」。
厚労省〔2017〕「平成 28 年度ロードマップ検証検討事業報告書」。
鶴蒔靖夫〔2012〕『創造と革新』IN 通信社。
鶴蒔靖夫〔2017〕『東北の小さな大企業』IN 通信社。
日本ジェネリック製薬協会〔2018〕「ジェネリック医薬品シェア分析結果について」〔2018 第一四半期〕。
増原慶壮・北村正樹編集〔2014〕「今日のジェネリック医薬品 2014 ～ 2015」「今日の治療薬」編集室／編集。
Zion Market Research Global Generic Drug Market《https://www.zionmarketresearch.com/news/global-generic-drug-market》(2018 年 11 月 1 日)
大石俊樹会長インタビュー：2018 年 9 月 12 日　9：00 ～ 12：00，同日午後荒谷工場見学

〈謝辞〉

　本件執筆におきましては，田中達彦常務を始めとして，きらやか銀行の皆様に大変お世話になりました。御礼申し上げます。

（木村　哲）

第8章

《若鶴酒造》

危機をチャンスに変える力

━ 本章のねらい ━

　ファミリービジネスが長い年月に渡って維持・発展できる要因とは何か。

　歴史の古いファミリービジネスの多くは，創業者の出身地域に根差した経営を行っている。その地域の自然環境や社会の中にある優れた経営資源を基盤としつつ，長い年月の間に起こる様々な経営環境の変化に果敢に対応することが求められる。文久2年の創業以来160年近い歴史を持つ若鶴酒造株式会社は，第二次世界大戦の勃発と統制強化，戦後のコメ不足，工場の火災，食生活の欧米化といった幾多のピンチに見舞われながらも，これを逆手にとって事業の近代化と発展のための投資を行い続けた。実際，ウイスキーの製造，コカ・コーラのボトリング事業への参入およびそれらに伴う技術革新を精力的に進めてきた歴史がある。地域と伝統を守りつつ，第二，第三創業とも言うべき事業展開を果敢に行ってきたのである。常に新たな事業機会を求めて革新を行い続けるアントレプレナーシップの承継こそが，ファミリービジネスに不可欠な条件であることを示唆している。本事例では，経営環境とファミリー（稲垣家）が変遷をたどるその節目になされてきた重要な意思決定について検証する。

━ キーワード ━

アントレプレナーシップ，事業革新戦略，地域経営資源，信頼，社会的ネットワーク

144 第Ⅱ部 事 例 編

〈会社概要〉

商　　　号：若鶴酒造株式会社
本社所在地：富山県砺波市三郎丸 208
商　　　号：若鶴酒造株式会社
本社所在地：富山県砺波市三郎丸 208
資　本　金：8,000 万円（平成 27 年に現 GRN 株式会社の完全子会社となる）
代　　　表：小杉康夫（親会社の GRN 株式会社は，若鶴酒造の実質的創業家で
　　　　　　ある稲垣晴彦氏が社長）
売　上　高：5 億 9 千万円（2017 年 9 月期）（北陸コカ・コーラ株式会社の同年
　　　　　　の売上高は，約 492 億円）
従 業 員 数：39 名（他冬季間蔵人 3 名）
事 業 内 容：日本酒，ウイスキー，リキュール，焼酎の製造および卸売業
（沿革）
1862 年（文久 2 年）　中三日市（現黒部市）で久次郎が加賀藩の免許を得て酒
　　　　　　　　　　　造りを開始
1890 年（明治 20 年）　砺波郡油田村（現砺波市三郎丸）の桜井宗一郎の分家が
　　　　　　　　　　　継承
1910 年（明治 40 年）　稲垣小太郎氏が経営権を譲り受け，1918 年（大正 7 年）
　　　　　　　　　　　に株式会社化
1962 年（昭和 37 年）　北陸コカ・コーラ株式会社を設立
2015 年（平成 27 年）　北陸コカ・コーラボトリング株式会社の新設分割により
　　　　　　　　　　　設立された GRN ホールディングス株式会社（現在の
　　　　　　　　　　　GRN 株式会社）の完全子会社となる。

1. 若鶴酒造の発展経緯

(1) 創業時の優位性の確立

　富山県は北アルプスの清冽な水と名水の湧き水に恵まれ，山田錦や五百万石などの酒造に適した米を豊富に使用した淡麗な日本酒を醸造する蔵元が多い。本章で取り上げる若鶴酒造もそうした酒蔵の1つである。

　若鶴酒造は1862年（文久2年）に越中三日市（現，黒部市）で，豪農の久次郎が加賀藩の免許を得て酒造りを始めたことに源流を見い出すことができる。明治初期，我が国の製造業の中でも酒造業の事業者数は大きな割合を占めていたが，その大半は中小零細事業者であった。明治14年の松方蔵相のデフレ政策で造石税が引上げられ，また酒造免許規制の強化が行われたことから清酒造場産業の再編が進行する。こうした中で，明治20年に砺波郡油田村（現砺波市三郎丸）の桜井宗一郎氏の分家が若鶴酒造の事業を継承した。明治20年以降は日清戦争，日露戦争で造石高が伸びたが明治末期には不況低迷期に入った。そして，明治43年に初代の稲垣小太郎氏が経営権を譲り受ける。先代の稲垣小太郎氏は砺波町の小野田八郎氏の実弟で，稲垣家の婿養子になった人物である。稲垣家は古くから出町で旅籠屋を営んでいた。文人墨客や犬養毅，尾崎行雄などの著名人も宿泊したという。先代も婿養子であり，近隣の鮮魚商から婿入りした。稲垣家が旅籠屋を営んでいたことから，魚屋や酒屋との関係があったものと思われる。先代の小太郎氏は旅館業ではなく酒販業を営んで成功したが，日本酒製造の将来性を見込んで桜井氏から酒造業の経営権を引き継いだのである。

　しかし，この時期は業界不振の最悪期であり，また酒造りの知識と経験が浅いことから，懸命な努力にもかかわらず夏場には火落酒（酒の腐敗）が発生するなど大変な苦労をした。こうした中で，長男の彦太郎氏（後に二代目小太郎を襲名）とともに技術の研鑽と設備の近代化によって事業を軌道に乗せ，さら

に灘や伏見に出向いて酒造りを学び，品質の向上に努めた。大正3年以降は第一次世界大戦に伴う好景気の波に乗って事業が拡大し，大正7年には若鶴酒造株式会社を設立して法人成りを遂げた。また，大正11年には「大正蔵」を建設している。

　大正14年に先代の小太郎氏が亡くなった後，長男の彦太郎氏が二代目の小太郎として社長を引き継ぎ，次男が製造部門を，三男が販売部門を担当してファミリーが協力して事に当たった。昭和2年に起こった金融大恐慌の影響で酒造業界も淘汰の波に襲われたが，すでに法人組織となってファミリーの結束も堅かった若鶴酒造は，設備の近代化と販路の確立を着実に行っていたため，この危機を突破することができたのである。加えて，製品品質の飛躍的な向上に心血を注いだことも大きい。当時の富山の酒造業では河川水を利用するのが一般的であった。先代の小太郎氏は前述の通り灘・伏見で酒造りにおける水の大切さを学び，地下水の利用に着目したのであった。そこでこの金融恐慌の困難な時期に巨額の費用を投じて地下水をくみ上げることに成功し，庄川の清冽な伏流水を無尽蔵に活用できるようになった。さらに酒蔵に冷温設備を導入し，検査工程の改善を図ったことから，品質の向上，腐敗率の低減，製造原価の引き下げを実現することができた。昭和の金融恐慌という大きな危機を乗り切って，更なる成長を可能にする事業基盤が準備できていたのである。

（2）　地元の地域資源の活用と域外市場への拡販戦略

　製造基盤が整ってきた昭和初期に，二代目の稲垣小太郎氏（以下，小太郎氏と表記する）は極めて特徴的な販売戦略をとっている。それは地元の北陸地方では無理な拡販をせず，域外の大市場や成長市場で積極的に販路を拡大する戦略である。具体的には，東京から東海地方までの一帯，遠くは北海道から樺太まで県外の広域市場に拡販しているのである。その理由について小太郎氏は，「地方同業者への徳義もあったが，その方が採算上得策であったから」[1] と述べている。当時，富山県下では当社の日本酒は他の地元酒と同額の1升1円20銭程度で取引されていたが，東京などの大消費地では灘の酒が1升1円80銭で売られていたのである。そこで，前述の品質向上により灘の酒と十分対抗で

きるだけの商品力を備えていた若鶴を東京などの市場おいて1升1円75銭で販売した。これが飛ぶように売れたという[2]。また，夫人とともに北海道視察をしたときに，樺太の国境に近いエストルで石炭の採掘が始まるという情報を聞く。知人の北海道拓殖銀行エストル支店長に問い合わせたところ，当地が活況に沸いており，灘の白雪が1升2円で一手販売されているとの情報を聞いた。そこで昭和8年に樺太に出荷を開始したのである。出荷量は伸び，昭和13年には灘の酒を凌駕するほどであったという。販売単価の高さから物流コストを吸収して余りある収益が得られた。その後，酒の統制が始まるが，昭和11年から12年の実績値で割り当てられたため，若鶴には基準石数5千余石が割り当てられた。

　しかし，太平洋戦争の勃発とその後の戦況の悪化によって経営は大打撃を受けることになった。戦時統制が強化され，米穀配給統制法と米穀強制買入令，物価統制令，国民徴用令により原材料の米不足が生じた。また，杜氏の徴兵等も大きな打撃を与えた。さらに新酒税法によって増税がなされ販売特約店網も消滅して，これまで営々と気づいてきた事業資産の多くが雨散霧消してしまったのである。

（3）　酒造米の統制と商品多角化への挑戦

　第二次世界大戦後，酒造米が厳しい統制を受け，昭和22年には日本酒の生産高は明治以降最低を記録する。こうした厳しい環境下，小太郎氏は次の事業展開の準備を開始するのである。具体的には立野ヶ原の丘陵地帯に統制外であった菊芋，後に甘藷に着目し，これを原料としてアルコールの製造を目指した。昭和22年に世界的な発酵学の権威であった東京大学の坂口謹一郎教授の指導を受け，顧問には酒類総合研究所の勝目英氏を，技士には満州のキッコーマンで工場長をしていた深澤重敏氏を迎えて若鶴醸酵研究所を設立し，蒸留酒の研究を開始する。昭和24年には焼酎の製造許可を受け，同25年には合成酒，同27年にはウイスキー（若鶴サンシャインウィスキー）およびポートワインの製造許可を受けて多角化戦略を展開することになる。

　ところが昭和28年5月にアルコール製造工場から出火し，延床面積約1千

坪の建物を全焼するという災難に見舞われる。このときに，地域の人々からの支えを受ける。農繁期にも関わらず地元油田村の農民が連日数百名焼け跡の整理に奉仕活動をしたことにより，約半年で再建することができたのである。地元を重視してきた稲垣家の経営姿勢が地域住人にも高く評価されてきた証左とみることが出来よう。

さらに特筆すべき点は，このピンチに際して小太郎氏は当時全国でも5社しか持っていなかったフランスのメル社が特許を持つ最新鋭のアロスパス塔を新設したことである。火災という大きなピンチを前向きに受け止め，それをチャンスにすべく最新設備に一新する進取の気性はまさに小太郎氏のアントレプレナーシップを雄弁に示すものと言えよう。

当社は多くの地元の株主に支えられている。昭和29年に，復興完成した本社にて創立35周年記念式を行った際，株主に普通3割，特別3割の計6割の記念配当を行っている。融資環境の厳しいこの時期に果敢な設備投資を可能にした背景が垣間見られる。

昭和34年には本社北側に1万㎡のアルコール製造工場を拡張移転し，跡地に近代的な清酒醸造蔵の「昭和蔵」を新設している。「大正蔵（新潟杜氏）」と「昭和蔵（南部杜氏）」の切磋琢磨により品質を磨いていった。ここから，現在に続くブランドである若鶴，苗加屋，玄などのブランドが生み出される基盤が整った。

しかし，高度成長期は日本酒よりも洋酒やビールの消費が著しく伸びた。そこで昭和40年にはビールの卸売免許を取得し，キリンビールの特約店になった。翌年には増産のネックとなっていた瓶詰工場を建設し，自動瓶詰機械を完備した。こうした積極的な投資が同社の成長の推進力となった。

（4）ファミリーによる事業承継

ファミリービジネスにとってファミリーの継承は，極めて重要である。稲垣小太郎氏の後を継いだのは，養子の稲垣孝二（旧姓湊孝二）氏である。大正4年生まれの孝二氏は富山県氷見市の出身である。湊家は代々造り酒屋であったが明治末期に廃業し，孝二氏の父親は地方公務員であった。湊家次男の孝二氏

は四高から東北帝国大学の法学部に進学し，卒業後に企画院に入る。その後，企画院に在籍のまま陸軍に入隊した。昭和16年に造り酒屋同士の縁で婿養子を探していた稲垣小太郎氏から見合いの話があり，小太郎氏の長女千津子氏と結婚し，稲垣家の婿養子となる。昭和18年に，フィリピン諸島の南にあるハルマヘラ島に送られたものの，米軍の飛び石的な諸島攻略によって攻撃を免れ，昭和21年に復員する。その後は商工省に復帰していたが，小太郎氏の強い要請により役所を退職し，昭和24年に砺波に戻って若鶴酒造に入社した。入社と同時に専務取締役になり，昭和46年には同社の代表取締役社長に就任している。その間，昭和37年には富山県酒造組合連合会会長に，昭和58年には日本酒造組合中央会会長に就任し，業界の発展のために尽力した。また，地域社会の発展に寄与することが会社の使命と考えていた孝二氏は，教育・文化の振興や環境保全活動にも積極的に尽力し，スポーツの振興，大学進学の奨励金制度の支援，リサイクル事業の強化支援など社会的な活動にも注力している。小太郎氏は企業家精神に富む，進取の精神にあふれた行動型の人物であったが，孝二氏は社会的倫理観を重視する思索型の人物であったようである。

2. コカ・コーラボトリング事業の展開

（1） 北陸コカ・コーラボトリング株式会社の立ち上げ

話は昭和36年に戻る。小太郎氏が東京で取引のあった酒類卸問屋小網商店の高梨仁三郎氏からコカ・コーラの話を聞く。

小網商店は昭和2年にキッコーマン系醤油問屋5社の共同出資で設立された企業であり，東京エリアで若鶴酒造の卸販売業務を行っていた。先述の若鶴醗酵研究所で貢献された深澤重敏氏がキッコーマンの満州工場長を務めており，後に若鶴酒造社長に就任する稲垣忠一氏が坂口謹一郎東大教授の紹介で一時小網商店に就職し，コカ・コーラ事業を始めるきっかけの1つになったという縁

もあった。

小網商店の高梨氏は芝浦にあったコカ・コーラの工場の所有権を手に入れ，昭和27年に渡米してザ コカ・コーラエクスポートコーポレーションの担当者の紹介でザ コカ・コーラカンパニーの社長，副社長と直接交渉して東京でのコカ・コーラの販売権を手に入れる。翌年，通産省（現 経済産業省）にコカ・コーラの原液の輸入申請をし，昭和31年に許可が下りた。さっそく，東京飲料株式会社を設立し，昭和32年にはザ コカ・コーラ カンパニーおよびザ コカ・コーラ エクスポート コーポレーションと正式に契約を締結した。これにより，日本におけるボトリング会社第1号が誕生し，同年6月には，米国本社の現地子会社で原液の供給と製品の企画開発やマーケティングを行う日本飲料工業株式会社も設立された。その後，全国各地でコカ・コーラボトリング事業への参入を試みる企業が出てくる[3]。小太郎氏が高梨氏から北陸地域でのボトラー事業の展開について勧められた際，山森昭一氏を紹介したという。山森氏は石川県出身で海外派遣農業研修生として渡米した折にコカ・コーラビジネスに興味を持った。同氏は，小太郎氏が設立した北陸飲料株式会社に入社することになる[4]。このような地縁が，新規事業展開のきっかけとなっていたのである。

小太郎氏は戦前からサイダー飲料事業に関わっていた経験があり，コカ・コーラボトリングビジネスに強い関心を持ったが，慎重を期してコカ・コーラの将来性について確認するために懇意にしていた読売新聞社の正力松太郎氏に相談した。正力氏は富山県射水市の出身で小太郎氏とは同郷であった。当初はコカ・コーラの日本市場での可能性について否定的であった正力氏だが，アメリカの実情を調査させた結果，そのブランド力の強さを知り，「案外有望な事業かもしれません。やってみられたらどうですか」と小太郎氏に勧めたという[5]。この確認を経て，ボトラー事業への参入を決断し，昭和37年には全国7番目のボトラーとして北陸飲料株式会社を設立した。小太郎氏は1890年生まれであるから当時すでに72歳であったにもかかわらず先を見据えてこのような大きな決断をしていたことは刮目すべきことである。昭和38年には北陸飲料株式会社を北陸コカ・コーラボトリング株式会社と改め，高岡市内島に本社・工場

を建設し，昭和45年には石川工場を立ち上げる。

昭和50年に小太郎社長が逝去されると稲垣孝二氏が若鶴酒造の社長とあわせて子会社の北陸コカ・コーラボトリング株式会社の第二代社長に就任し，同年，福井県の武生工場が稼働を開始する。第二次オイルショックの不況下で売上鈍化と投資負担が重荷となるも，減量経営と組織再編を断行しつつも製造ラインの増設や近代化を継続し，昭和57年からは業績が向上し始めた。孝二氏は先代の小太郎氏から「不況の時こそ設備投資を」という経営哲学を受け継いでいたという。

昭和50年代は製品の多品種化の時代であった。炭酸飲料，健康飲料，乳性飲料，スポーツ飲料，ティー飲料，果樹飲料等，製品ラインナップを拡張するとともに，食品や菓子事業にも参入する。日本で開発されたオリジナルブランドである缶コーヒーのジョージアの発売は昭和50年であったが，武生工場に製造ラインを新設してから飛躍的に売り上げを伸ばし，コーラの売上がやや停滞する中で際立つ販売実績を上げた。これを支えた販売チャネルが自動販売機である。設置場所が広がる中で自販機投入台数は毎年，対前年比120〜150パーセントの伸びを示した。昭和53年には自販機の設置，製品補充，代金回収等の管理運営会社として北陸キャンティーン株式会社を立ち上げる。この企業は単なるメンテナンス会社ではなく，自販機ルートの積極的な開拓における大きな原動力となった。その後この会社はテレホンカードやたばこの自販機，給食事業など事業内容を拡大し，現在では株式会社ベネフレックスに称号変更して，北陸3県と長野の自販機を管理している。

（2）　長野コカ・コーラボトリングの取得と合併

小太郎氏がコカ・コーラ事業を開始した昭和37年に日本コカ・コーラから富山，石川，福井の北陸3県に加えて新潟県を含む4県のフランチャイズエリアを提案されたものの，営業基盤を持たない新潟エリアを辞退した経緯があった。その後，他のボトラーが急成長するなかで同社は北陸3県の市場規模の限界を感じていた。フランチャイズビジネスは500万人規模の人口がないと安定した経営は望めないといわれていたのである。エリア拡大の機会を狙っていた

ところに，昭和59年，長野コカ・コーラボトリングが事業承継してくれる資本を探し，隣接する3つのボトラーに声をかけてきた。

　長野コカ・コーラボトリングは，日本コカ・コーラ社の副社長であったフランシス・L・グラグナニー氏が，昭和37年に設立した会社である。同氏は若い頃からコカ・コーラのボトラーを経営することが夢で，外国人の避暑地として有名な軽井沢のある長野県のフランチャイジーになったのである。12年間経営をした後，アトランタのザ コカ・コーラ エクスポート社に経営権を譲った。長野県は山に囲まれており，閉じた市場空間を形成していることからテストマーケットとしての価値があった。しかし，昭和50年代末になると日本市場が成長・成熟化し，パイロットテストの必要性も低下したことから日本の国内資本への委譲を模索したのであった。

　北陸三県の人口は当時約300万人，長野県の人口が約200万人で合計約500万人となり安定経営の基盤が確立される。稲垣孝二社長は稲垣元春専務（当時）の説得もあり応札を決意する。そして，首尾よく50億円を超える金額で落札することができ，経営権を取得した。ところが，北陸コカ・コーラボトリング株式会社との合併は15年後の平成11年まで待つことになる。その理由は二つあった。

　第1は，経営権取得当時の長野コカ・コーラボトリングの経営の状況にある。ザ コカ・コーラ エクスポート社は，長野エリアを前述の通りテストマーケットとして位置づけていたために大きな投資はせず，土地や社屋も賃借で，本社工場，更埴（こうしょく）工場および一部の営業所のみが自社物件という状態であった。短期的な収益性と投資効率を重視する外資系企業が直接経営していたことも，投資を抑制していた要因と思われる。そのために当社のシェアも低く，これを引き上げるためには生産設備，営業所，コンピュータシステムへの巨額な投資を合併作業よりも優先せざるを得なかったのである。

　第2は，北陸人と長野人の県民性の違いにあるという。長野県民は独立心が強く，性急な合併には抵抗が強いことが予想された。人心の融和と組織の連帯感を尊重する孝二社長の判断で，現場の仕事を通じて両社の人事交流をはかり，組織として馴染むまで合併を急がない方針を貫いたことである。

一方，フランチャイズのエリア拡大は功を奏し，長野市場のシェアの拡大余地も大いにあった。とくに当時長野には缶コーヒーの製造ラインがなかったことから，経営権の取得によってジョージアを投入して売り上げの拡大を図ることが出来た。

平成10年に長野で冬季オリンピックが開催された際，長野コカ・コーラボトリング株式会社がホストボトラーとして活躍し，北陸コカ・コーラボトリング株式会社との協力実績をさらに積んだ。折しも，規模の拡大による経営基盤強化の必要性から全国でボトラー再編の機運が高まり，平成11年に北陸・長野両社の合併が14年の月日を経てようやく実現したのである。

(3) 経営のさらなる近代化と革新

平成11年の北陸・長野コカ・コーラボトリングの合併を機に，同社の経営は孝二氏の長男である稲垣晴彦氏が引き継ぐことになる。晴彦氏は先代孝二氏と同様の「人を大切にする経営」を継承しているが，経営環境の変化に合わせて事業の近代化・効率化とそれを支える先端技術の導入にも熱心であり，その点でも稲垣家の企業家精神を脈々と受け継いでいる。

話しは前後するが，晴彦氏は，長野コカ・コーラのテコ入れの使命を負って昭和62年に役員として長野コカ・コーラボトリングに赴いた。当初はシェア拡大で順調に業績が向上したが，反面，流通在庫の増大が問題点と認識された。当時は県内13カ所の営業所で在庫を持って各ディーラーに納品する商物一致体制であった。そのため，中小の顧客もチェーンストアのような大口先も一緒のルートで配送されていたのである。そこで晴彦氏は北陸コカ・コーラに先駆けて商物分離による物流拠点の集約化方針を打ち出し，平成3年に更埴配送センターと松本配送センターを立ち上げた。今では，このような商物分離による在庫の集約と物流センター立ち上げによる輸配送の効率化は当たり前になっているが，約30年も前にこれを導入したことは極めて先進的である。この商物分離の前提には，昭和50年代に導入されたプリセリング・システムがある。従来のルートセールスでは，1人のセールスマンが，①販売，②マーチャンダイジング，③配送計画，④配送，⑤積み下ろし，⑥精算処理の6つの業務を行っ

ていた。これに対してプリセリング・システムでは，①と，③〜⑥を分けて2人のセールスマンで分担し，前者をプリセリングマネジャー，後者をプリセリングセールスマンと称する方式である。②のマーチャンダイジングは両者で補完しあう。そして，プリセリングマネジャー，プリセリングセールスマンとディーラーを結び付けて売上精算処理を行うビルペットという情報システムを導入していた。しかし，1カ所の営業所で商流と物流を行う商物一致体制は温存されていたのである。

　晴彦氏によって商物分離体制に移行するのに伴い，受注情報を配送センターに連絡するシステムの必要性が生じた。そこで，セールス担当者とルートマネジャーに情報端末を持たせ，プリセラーからの受注情報を営業車に搭載したMCA無線で配送センターに送信し，一括配送するシステムを構築したのである。現在のように受発注にインターネットが活用される以前にこのような情報ネットワークを構築したことも当社の優れた先進性を示している。さらに，配送センターに集約することで物量がまとまり，中小のディーラーと大口ディーラーおよび大手量販店を別ルートで配送する体制にすることが可能になった。そのことによって大型店の集約配送で，当時としては新しいカート車納品を導入して効率を上げて配送能力を高めた結果，大型店向けでトラック1台当たり年間7万ケースだった出荷量を同25万ケースまでに増やすことができた。このような物流の効率化によって捻出した経費節約分をプロモーション費用に振り向けたことによってシェアを急増させ，6年間で売上高の伸び率で全国1位を達成したのである。

　製造面では，閉鎖していた松本工場の敷地約1万5000㎡に缶製品専用工場を立ち上げ，平成3年には液体窒素充填兼用化設備を設置し，翌年には炭酸兼用化工事をするなど生産体制の近代化を図った。

　こうして晴彦氏が主導して昭和62年から平成5年まで長野で改革を行ったが，これが平成11年の北陸コカ・コーラと長野コカ・コーラの合併に向けた経営基盤の実質的な統合の土台となったのである。

（4）　経営組織の強化と近代化

　晴彦氏は，北陸３県＋長野の広域エリアにおけるフランチャイズ組織全体としての一体化と効率化・近代化を目指して，蛮勇をふるって改革を促進した。その象徴的な出来事が，砺波工場の立ち上げにかかわる一連の意思決定であろう。

　北陸コカ・コーラでは，昭和64年（平成元年）から高岡工場が閉鎖していた。それは，昭和50年代から自販機の拡大や缶コーヒーの売上増大などで瓶から缶へと製品形態が大きく変化していたことによる。高岡，石川，武生の３工場で瓶製品の製造を分担しているのでは効率が悪くなるため，製造施設を石川工場に移管して集約し，高岡工場は休止させていたのである。一方で缶製品の供給能力が不足し，フランチャイズ製品の自社生産比率が50パーセントあまりという状態に陥っていた。そこで完全自給を目指して平成５年には，高岡工場の再開が決定され準備室も設置されていた。しかし当時，缶製品の製造ラインは松本工場と武生工場にもあったので高岡に１ラインだけの缶製品製造ラインを造っても効率が悪い。晴彦氏は，この高岡工場への再開投資は，同社の今後の経営を危うくすると危惧していた。しかし平成５年当時，晴彦氏は長野コカ・コーラに在籍していたから北陸コカ・コーラの意思決定に関与することはできなかった。そこで平成５年３月に長野コカ・コーラの非常勤役員になり翌日，北陸コカ・コーラの株主総会で営業担当常務取締役に就任するまでの空白の１日を活用して辞表覚悟で父親である孝二氏を説得し，翌日の株主総会での高岡工場の再開方針を決定することにストップをかけることを決めた。説得に当たって米国のシンシナティにあるコカ・コーラの巨大な近代的工場の見学を提案し，ここを見てもらうことで近代的な工場のあるべき姿を実感してもらうことを計画する。その年の夏前に実際にシンシナティの工場見学が実現し，４万坪の巨大工場でロボットを活用した自動化ラインが稼働しているのを目の当たりにして，孝二社長は晴彦氏が主張する通り砺波に最先端の集約拠点工場を建設することが不可欠であると理解した。実は晴彦氏は，長野における前述の物流拠点の集約化を進めた段階で既に生産拠点の集約化の方向を見定めていたという。こうしたギリギリの意思決定を行わなかったら，現在の北陸コカ・コー

ラボトリングは存在していなかったと晴彦氏は述懐している。

　こうして平成 11 年 4 月に砺波市に 5 万坪の最新鋭工場が完成する。生産設備には最先端の缶ラインとペットボトル・瓶ラインが導入され，年間で最大 1,810 万ケースの生産能力を備え，ロジスティクス・センターも併設されて，多品種少量生産と製造コスト低減とともに物流の効率化と環境対応も目指す北陸コカ・コーラの中核生産拠点が完成した。投資金額は 100 億円を超えたという。当然，砺波の良質な水源を活用した高い製品品質もブランド力を高めることにつながった。当社は古くから環境問題に高い関心を払い，先代社長の孝二氏の時代から廃棄物のリサイクル，クリーンエネルギーへの転換，省エネ自動販売機や環境対策車の導入に力を注いできた。平成 4 年には北陸三県と高岡市に環境対策費を寄贈している。平成 16 年には飲料容器のリサイクルを行う株式会社北陸リサイクルセンターを立ち上げている。

　それ以降も 150 億円以上の継続的な投資を続け，無菌充填大型 PET 製造ライン，世界初のエレクトロンビーム方式の無菌充填ペット製造ラインなど継続的に先端技術を取り入れた設備投資をしており，現在も 60 億円ほどの投資をして先端設備へと更新を続けているという。近年では，砺波市内にある情報システムの関連企業である株式会社ヒスコムの AI 技術を活用して自販機の販売データを分析し，これをマーチャンダイジングや補充の改善に活用して，生産性を 20 パーセント向上させることを目指しているという。

　晴彦氏は地域の文化振興も熱心に推進している。平成 22 年には，若鶴酒造の大正蔵が富山県教育委員会により「とやまの近代歴史遺産百選」に選定され，翌年には砺波市教育委員会より「砺波市ふるさと文化財」に登録された。このような流れの中，若鶴酒造の創業 150 周年と北陸コカ・コーラボトラーの創業 50 年を記念して大正蔵の改修を決定した。改修に当たっては，大正蔵を「酒造りの精神を次世代に継承し，時間軸の中で生きる喜びを実感できる建築に再生する」ことをコンセプトに，「若鶴」の足跡を伝える文化施設であり地域コミュニティー施設としてのゲストハウスとして再生させ，現在も地元市民の集会施設として活用されている。

第 8 章　危機をチャンスに変える力　157

（5）　新たな事業展開とアントレプレナーシップの継承

　平成 24 年には，北陸コカ・コーラボトリング株式会社は株式交換により若鶴酒造株式会社を完全子会社にした。これにより，若鶴酒造株式会社はその後平成 27 年に北陸コカ・コーラボトリング株式会社の新設分割により設立された GRN（Global Refreshment Network）ホールディングス株式会社（その後 GRN 株式会社に変更）の完全子会社となった。晴彦氏がトップを務める GRN 株式会社は，自販機の設置と修理点検，ワインの輸入販売，東南アジアや中国での自販機ビジネス，ウイスキーの開発や地元の産業振興等の新規事業開発を行う企業である。祖父の小太郎氏や父親の孝二氏の事業開拓の精神を継承して，世界市場への進出も力強く推進している。

　こうしたアントレプレナーシップは，ファミリーの後継者へと引き継がれていく。晴彦氏の子息で若鶴酒造株式会社の取締役である五代目の稲垣貴彦氏は，平成 28 年に北陸唯一のウイスキー蒸留施設である当社の三郎丸蒸留所の改修プロジェクトを立ち上げる。そして改修費用をクラウドファンディングによって募り，目標額の 2,500 万円をはるかに超える 463 名から 3,825 万 5,000 円を集めることに成功した。現在，三郎丸蒸留所は毎年 1 万人以上が訪れる見学できる蒸留所として県の名所となっている。今後は新な蒸留設備を地元の技術を取り入れながら改修し，富山のクラフトウイスキーを世界に輸出するという壮大な夢を掲げて挑戦を続けている。

3.　本事例から学ぶファミリービジネス経営への示唆

　本事例の若鶴酒造株式会社は中小企業であるが，そこから派生した北陸コカ・コーラボトリング株式会社は資本金，従業員数ともすでに中小製造業の定義から外れた規模の企業となっている。しかし，実質的な創業者である稲垣家が 4 代にわたって統括しており，北陸・長野の地域に根差しつつ発展してきた歴史を概観するとき，本事例は典型的なファミリービジネスとして捉えることがで

158　第Ⅱ部　事　例　編

きよう。そして本事例から示唆されることは下記の点である。

　第1は，危機に際して逆にこれをチャンスととらえて進化発展のための投資を積極果敢に行っていることである。昭和2年の金融危機や昭和28年の工場火災の際に大規模な将来を見据えた設備投資を行っていることである。これは稲垣家の歴代の経営者に受け継がれているアントレプレナーシップ（起業家精神）がなせる業である。

　従来のファミリービジネスの議論をみると，Gersick *et al.* 〔1997〕はファミリー，ビジネス，オーナーシップの3領域に関わる7つの利害関係の整理をした上でファミリービジネスは複雑な調整を要すると指摘した。このガバナンス構造が高収益をもたらすと指摘したのがMiller and Breton-Miller〔2005〕である。

　彼らは，ファミリービジネスは継続性，コミュニティー，コネクション，コマンドの4つの特徴を持つと指摘した。とくにファミリービジネスは掲げた使命を達成するための競争優位性の源泉となる経営基盤に対して継続性な投資を行うとしている。また，株主からの制約も少ないことから意思決定の裁量権が大きいとしている。これらの指摘は妥当ではある一方，本事例のように危機に際しての大胆かつ果敢な先行投資の理由を説明するには説明力が不足しているように思われる。

　Nordqvist and Melin〔2010〕と加藤〔2010〕の研究は，この点について新たに視点をもたらした。まず，Nordqvistと Melinは，絶えず発生する経営環境の変化の中で自ら急激な変化と遂げ，新たな事業創造を行う企業家的ファミリー（entrepreneurial family）の存在を取り上げ，彼らの活動を分析するフレームワークを提示した。それは，企業家的ファミリーの主体的存在を示すアクター（主体），企業家的行動を示すアクティビティ（行動），そして企業家的志向を意味するアティテュード（姿勢）であるという。確かに，本事例の稲垣家には，5代にわたって企業家的精神が継承されている。しかし，Nordqvist等の研究ではファミリーの継承とこれらの要因が実際にどのように関連して経営環境の変化に適応する革新が起きているかを説明できていない。

　加藤〔2010〕は，ミツカンの事例を分析し，ファミリーの襲名ごとに環境の変化に応じて理念の再解釈や新たなドメインの再設定をすることによってイノ

ベーションを起こし，そのベースに企業家的なリーダーシップがあるとした。実際，本事例でも稲垣晴彦氏が４代目の社長に就任する際に北陸３県プラス長野の広域フランチャイズエリアの合併とそれに伴う物流・生産拠点の発展的集約投資を断行したことは，まさに企業家的行動そのものである。その意味で，本事例は加藤氏の結論を支持するものと解釈できよう。ただし，ファミリーのガバナンス構造と事業の革新的活動の関係が示されたとしても，実体としてのビジネスの成長メカニズムを具体的に説明したことにはならない。

それを示しているのが本事例から得られる示唆の第二の点である。ファミリービジネスの多くは，地域に根差した事業基盤を形成している。本事例も富山を中心とする北陸・長野地域を基盤としている。２代目の小太郎氏が若鶴の日本酒を庄川の伏流水で製造したことは品質の中核をなしている。しかし，生産技術と販売市場はむしろ県外に求めている。伏見の技術や海外の最新鋭設備を導入し，販売市場も東京や東海，北海道・樺太といった広大な域外市場に求め，決して域内での無理な競争を行っていないことである。そして，成長性の高い域外市場から得た膨大な収益を域内の生産設備の増強ならびに革新的技術を導入するための投資と地域の環境・文化・教育投資に振り向けることによって，域内のビジネスエコシステムをさらに強化させ，豊かにしていることである。域内の優れた経営資源を活用して生産し，市場と技術を域外に求めてそこから得た資金を域内に再投資するメカニズムはあたかも高度成長期の日本産業で採用された加工貿易型の発展戦略や，これを学んだ中国が70年代の終わりから採用した技術と市場を海外に求める輸出志向型の改革開放政策と相似形ではある。この意味でこうした戦略はファミリービジネスに固有の戦略とは言えないが，ファミリービジネスで特徴的な点はこの「地域」の意味合いである。

「地盤」とか「地縁」という言葉がある。同郷の人間には強い親近感と信頼感を抱くことは当然な感情である。その地域で長年醸成された人間の評価の積み重ねが信頼という「地盤」と「地縁」を形成する。この地盤・地縁のネットワークがビジネスの節目や危機に際して大きな役割を果たしていることが本事例からも浮かび上がってくる。コカ・コーラビジネスへの進出の際に，地域フランチャイズの選定において北陸地域で信頼の高かった稲垣家に声がかかった

こと，そして小太郎氏が同郷の正力松太郎氏からの情報を信頼して事業進出の意思決定を下したことはその証左といえよう。稲垣家が代々，地域を大切にしてきたことは節目や危機に際して地盤と地縁が大いに役立ち，ファミリー事業の発展に決定的な意味をもたらしていることが本章の検証によっても示されている。そしてこの豊かで強固な地域の地盤と地縁が果敢に事業革新に取り組むファミリーのアントレプレナーシップの支えとなっているのではないだろうか。このような例は本事例だけではない。

　加藤・橋本〔2017〕では，霧島酒造や再春館製薬の事例によって域外の広大な潜在市場を地域の事業基盤に還元して継続的に発展するファミリービジネスのメカニズムについて検証している。しかし，こうしたメカニズムが先行研究事例よりはるかに歴史の古い本事例でも認められたことは，ファミリービジネスにおける当該メカニズムの普遍性を示唆するものと言えよう。

　本事例から，ガバナンスの問題だけでなく，地域の「地盤・地縁」の社会的ネットワークをベースに域外の事業ネットワークと結び付けて両社の間に好循環メカニズムを形成することがファミリーのアントレプレナーシップを強化し，危機や事業環境の変化という節目を前向きにとらえて継続的な革新に結びつけるファミリービジネスのケイパビリティの醸成メカニズムを学ぶことが出来る。

【Review & Discussion】

① 　二代目の稲垣小太郎氏は，なぜ若鶴の日本酒を富山域内で無理に拡販しなかったかを説明してみよう。

② 　若鶴酒造や北陸コカ・コーラにおける地域の製造能力の増強とおよび新製品開発と域外市場への拡販や新市場開拓スピードは，どのように調整するべきか考察してみよう。

③ 　ファミリービジネスにおけるサステナビリティと質的な進化の関係について，事例から学べることを挙げてみよう。

〈注〉

　1）稲垣〔1968〕9頁。

2) 稲垣〔1968〕9頁。
3) 《https://www.cocacola.co.jp/stories/history-2》（2019年2月7日）より。
4) 北陸コカ・コーラボトリング株式会社・長野コカ・コーラボトリング株式会社社史編集委員会〔1993〕44頁。
5) 北陸コカ・コーラボトリング株式会社広報部編集〔2001〕49頁。

〈参考文献〉

〈資料〉

稲垣小太郎〔1968〕『風雪五十年』若鶴酒造株式会社。

北陸コカ・コーラボトリング株式会社・長野コカ・コーラボトリング株式会社社史編集委員会〔1993〕『30年のあゆみ』北陸コカ・コーラボトリング株式会社・長野コカ・コーラボトリング株式会社。

北陸コカ・コーラボトリング株式会社広報部編集〔2001〕『人境倶不奪 稲垣孝二追悼集』北陸コカ・コーラボトリング株式会社。

《https://www.wakatsuru.co.jp/》（2019年2月7日）。

《https://www.hokuriku.ccbc.co.jp/》（2019年2月7日）。

《http://www.grn-company.com/》（2019年2月7日）。

〈学術書及び論文〉

Carlock, R. S. and J. L. Ward〔2010〕, *When Family Business are Best*, Macmillan.（階戸照雄訳〔2015〕『ファミリービジネス最良の法則』ファーストプレス。）

Gersick, K. E., J. A. Davis and M. M. Hampton〔1997〕, *Generation to Generation: Life Cycles of the Family Business*, Harvard Business Review Press; New ed.

Miller, D. and I. L. Breton-Miller〔2005〕, *Managing for the Long Run : Lesson in Competitive Advantage from Great Family Business*, Harvard Business School Press.（斉藤裕一訳〔2005〕『同族経営はなぜ強いのか』ランダムハウス講談社。）

Nordqvist, M. and M. Melin〔2010〕, "Entrepreneurial Families and Family Firms," *Entrepreneurship and Regional Development*, 22（3-4）pp.211-239.

加藤敬太〔2014〕「ファミリービジネスにおける企業家活動とダイナミズム」『組織科学』Vol.43 No.3, 29-39頁。

加藤孝治・橋本雅隆〔2017〕「地域に根付いた経営資源の活用による地方創生モデル―再春館製薬と霧島酒造が手掛ける地域活性化事例―」『日本物流学会誌』第25号, 87-94頁。

〈謝辞〉

　本事例は，2018年12月27日10時15分から12時20分まで富山県の北陸コカ・コーラボトリング本社において，代表取締役社長（インタビュー当時）の稲垣晴彦氏からのインタビューと，同日13時から16時まで若鶴酒造株式会社にて同社取締役の稲垣貴彦氏，北陸コカ・コーラボトリング株式会社秘書室長の高倉裕徳氏・同秘書グループリーダーの殿村弘一氏からのインタビューに基づいて執筆した。また，北陸コカコーラボトラーズの顧問（インタビュー当時）の井辻秀剛氏に同社をご紹介いただき，ご教示を賜った。以上の方々に深く感謝申し上げます。

（橋本雅隆）

162 第Ⅱ部 事 例 編

第9章

《マツ六》

事業イノベーションの継承と進化

── **本章のねらい** ══════════════════

　本章は，創業100周年を迎える建築金物の専門商社であるマツ六株式会社を取り上げている。マツ六は，老舗でありながら，既存のビジネスモデルの枠に留まることなく，新たな市場ニーズを掘り起こす新商品の開発，ECを活用した新たな流通の仕組み，BtoB企業の常識にとらわれないプロモーション活動など，様々な革新的な取り組みを通じて事業成長を遂げている。一方で，創業以来の自社の経営思想や強みを受け継ぎ，それをとても大切にしている。時代に合わせて様々な変化を見せながら成長を果たしているマツ六の事例を通じて，老舗ファミリービジネスにおける事業イノベーションやビジネスモデル革新のあり方を考察する。多くのファミリービジネス経営者が悩みを抱えるのは，先代から継承した資産や事業の継続性を維持しながら，時代の変化に合わせてどのように変革を果たし生き残っていくかといった命題ではないだろうか。本章を通じて，ファミリービジネスのオーナーシップや継続性と事業のイノベーションの関係性について，理解を深めたい。

■ **キーワード**

　事業イノベーション，ビジネスモデル革新，事業承継

第 9 章　事業イノベーションの継承と進化　163

〈会社概要〉

商　　　　号：マツ六株式会社
本社所在地：大阪市天王寺区四天王寺
資　本　金：1 億円
代　　　　表：松本將（代表取締役社長）
売　上　高：174 億 6 千万円（2018 年 3 月期）
従 業 員 数：229 名（2018 年 4 月 1 日現在）
事 業 内 容：住宅資材・ビル建材の販売，住宅および住宅関連資材の開発・販
　　　　　　売他
（沿革）
1921（大正 10）年　松本六郎商店創業
1948 年　松本金物に商号変更し設立
1988 年　マツ六に商号変更
2004 年　ファーストリフォーム事業オープン現在に至る。

1. はじめに

　マツ六株式会社は，2021 年に創業 100 周年を迎える建築金物の専門商社である。老舗でありながら，既存卸売りのビジネスの枠に留まることなく，「介護リフォーム」に関する住宅関連資材の開発販売，業界初の流通サービスの構築，ショートムービーと楽曲タイアップによる新たなコミュニケーション活動など，様々なイノベーションを興しながら事業成長を遂げている。

　現在，同社のイノベーションの中核にあるのが「ファーストリフォーム事業」である。高齢者や介護者を対象に，いち早く「手すり」を代表とするバリアフリー建材の品揃えを充実し，施工業者向け EC ビジネスを展開している。日本における「介護リフォーム」という市場を作り出したのはマツ六と言っても過言ではない。

　本章では，創業者や先代経営者の想いを継承しながら，時代に合わせてしなやかに変化を遂げているマツ六の事例を通じて，老舗ファミリービジネスにおける事業イノベーションやビジネスモデル革新のあり方を考察する。

2. 創業以降の事業展開と受け継がれた経営思想

　マツ六の創業は 1921（大正 10）年，建築金物卸売業「松本六郎商店」がスタートである。創業者の松本六郎氏は，21 歳で独立し金物商店を立ち上げた。そして当初から，自社と関係するすべての人が幸せになるという「協調互敬」の精神を基本としてきた。松本將現社長によれば，祖父自身は「質素，倹約」の人で，自分の収入を度外視して事業拡大に終生の命を懸け，1988（昭和 63）年に亡くなった時，手元に過分な財産を残さなかったという。借金があっても，含み資産によって乗り越えるという需要拡大期に合致した経営であった。

また,「小さな商いをたくさん集める」という考えに基づき,大都市に限定せず,地方の建築金物店との取引拡大を志向し,早い段階から東京や札幌などに営業所を開いた。この事業拡大を市場に求める強い姿勢が,いち早く全国市場を押さえることにつながり,現在の元卸のポジション確立の礎となった。

一方,現社長の父親である2代目松本重太郎氏は,海外貿易に成長機会を求めた。日本復帰前の沖縄に営業所を立ち上げ,貿易部を設立し,シンガポール事務所,バンコク事務所を開設するなど海外取引を拡大させた。また,技術力の強化を図るため,「問屋でも技術のことを知っておくべき」,「いつかはオリジナル商品をつくりたい」という想いから工学部出身の学生の採用も積極的に行った。さらに,業界に先駆けて電算室(システム開発)をつくるなど,時代の一歩先を行く投資を行った。そこには,本質を忘れることなく,新味を求めて変化を重ねていくという不易流行の精神があったとも言えるだろう。

3. 事業イノベーションへの挑戦

(1) 金物問屋のビジネスモデルの課題

マツ六の主力事業は,建築金物・化成品・木製品などの建築資材を全国の建築金物店や建材店に販売することである。そして,3,500社を超える取引先とのネットワークが同社の最大の強みとなっている。現在でも,全国各地で「まつろく会」という建築金物店,建材店の情報交換会,懇親会を開き,長期的な関係構築に努めている。

高度経済成長当時,マツ六は,建築金物なら何でも揃うことから「建築金物のデパート」と呼ばれた。そして,バブル期の経済成長に乗って,事業の多角化を進めた。基幹事業である金物建材事業に加えて,ホームセンターのベンダー機能を有したHI(Home Improvements)事業,ハウスメーカーや建材メーカーに独自開発した建築金物をOEM供給する住宅資材事業,海外販売及び海外

166　第Ⅱ部　事　例　編

メーカー開拓による商品開発調達を狙った海外事業などの展開である。しかし，バブル崩壊によって，本業回帰を余儀なくされた。多方面に膨らんだ取扱カテゴリーの中から，成長可能性のある商品だけを残し，建築周辺に絞り込むという戦略である。そして，この本業回帰を中心としたスリム化戦略によって，バブル崩壊後の経済停滞を乗り切った。しかしながら，本業の売上高とリンクする新築住宅着工戸数が長期的に減少していく中で，このままでは縮小均衡は否めないという状況にあった。

(2) 「リフォーム」「高齢化」市場のニーズ

そうした中，1990年代も終わりを迎えようというタイミングで「これからは，リフォームと高齢化」へと専門性を高める方向に舵を切った。そして，リフォーム市場の研究を開始したものの，すでにこの市場には，様々な業種からの参入が進んでおり，そこに中堅企業のマツ六が入り込む余地はなかった。

そこで，マツ六の強みを見据え，これまでに新築で使われていたものをリフォームに応用できないか考えたとき，高齢者向けのリフォーム商材がまったくないことに気づいた。先代社長の頃から技術に対する知見はあったので，全社をあげて高齢者のための手すりやスロープといった商品をメーカーポジションで作っていこうと決めた。しかしこれは，経済環境を考えると時期尚早だった。当時，新設住宅着工戸数は約120万戸と安定していて，まだ危機的な状況ではなかった。

ところがマツ六が，バリアフリーカタログを創刊した翌年の2000年，厚生労働省の介護保険制度と国土交通省の建築基準法改正が施行された。介護保険制度では，介護（支援）認定を受けた高齢者が保険で利用できるサービスに，自宅で暮らしやすく自立を助けるための「住宅改修費給付」が含まれた。また，建築基準法の改正では，階段に手すりを取り付けることが義務化された。これらの制度により，膨大な住宅ストックを背景にした「介護リフォーム事業」が注目されるようになった。そして介護保険制度がスタートし，介護保険を受給できる改修工事の中に「手すりの取り付け」や「床段差の解消」など5項目が指定され，マツ六のカタログにはこれら指定された項目すべてが揃っていたの

である。

(3) 「ファーストリフォーム」事業の創出

但し，介護保険制度が始まったとはいえ，従来の金物を扱う取引先が，すんなり住宅用手すりを扱ってくれるわけではなかった。バブル崩壊後かなりの年数が経っていたにも関わらず，かつての新築重視傾向は変わらず，リフォームへの注目度はまだまだ低かった。専門性を高めて細やかに対応しようとすると，手すりだけでも様々なモデルが存在することになり，在庫リスクで躊躇される。住宅建設業界のビジネスモデルは新築住宅事業に向いたもので，介護リフォームのようなストックビジネスに応用することは難しい。施工業者が必要な商品を，必要なだけ，必要なところへ，確実に届けるという新たな流通網の確立が大きな課題だった。

そうした課題に対してマツ六がまず行ったのは，600名以上に及ぶ現場で作業する施工業者に対する聞き取り調査である。その結果，施工業者が求めているのは，施主の要望に幅広く対応できる品揃え，それらが掲載されたカタログ，小口受注と短納期で確実な配送，商品情報の提供や相談ができる窓口等であることが分かった。

調査結果を踏まえ，バリアフリー住宅のリフォームのための高品質な品揃え，全国どこへでも確実で短納期のデリバリー，小口配送，介護リフォームに関する施工や関連法規等の情報共有，問い合わせセンターの開設を提供価値にした「ファーストリフォーム」のビジネスモデルを開発した。「FIRST Reform：ファーストリフォーム」とは，その事業理念である「For Interactive Relations and Speedy Transportation（相互の関係性を高め，迅速な物流を実現する）」の頭文字をとったものである。

お手本にしたのが，事務機器メーカーのプラスが展開するアスクル事業のビジネスモデルである。まずはじめに，ファーストリフォーム事業に関係する様々な企業を単なる取引相手としてではなく，創業理念でもある「協調互敬」のパートナーと定義づけた。マツ六の上流にあるメーカーをMP（Manufacturing Partners），これまでの直接の顧客だった建材店や金物店をRP（Retail

図表9-1 ファーストリフォームの体制

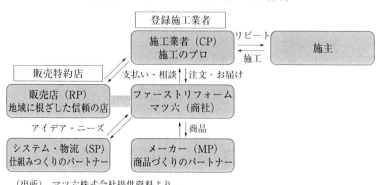

（出所）マツ六株式会社提供資料より。

Partners），現場での工事を手掛けている施工業者をCP（Construction Partners），そしてシステム，物流，回収業務などはSP（System Partners）とし，本事業に参加するすべての関係者が利益を享受できる仕組みを構築した。

事業の流れは，ファーストリフォームの理念に賛同する建材店や金物店を販売特約店に認定し，金物店はファーストリフォームと取引する地元の施工業者を開拓し，商品カタログを配布する。施工業者はカタログから商品を選んでファーストリフォームに商品を発注し，ファーストリフォームは，施工業者に宅配便で商品を指定された場所に配送，同時にその施工業者を登録している金物店に出荷報告を行う。施工業者は，商品受け取ると代金を指定の金物店に支払い，ファーストリフォームは金物店から代金を回収するという流れとなっている。

金物店は，施工業者の開拓，カタログ配布，代金回収，施工業者に対する施工計画や必要部材についての助言や支援を行う。金物店は在庫を持つ必要はなく，配送はファーストリフォームが行う。さらに，施工業者からの商品や施工に関する問い合わせについてもファーストリフォームが対応する。

このビジネスモデルのポイントは，「必要なものを，必要なだけ，必要なところへ」というジャストインタイムによって，オペレーションコストを下げると同時に施工業者の利便性を向上させている点にある。24時間自動受注・自動出荷，1個口からの小口配送，平日16時（土曜日12時）までの注文に関し

ては当日出荷するほか，施工業者の現場へ直送することで無駄を省いている。

ファーストリフォームは，マツ六にとってまったくの新規事業としてゼロから始まったが，事業開始以来，一貫して売上拡大を続けている。マツ六の事業毎の詳細な数字は公表されていないが，商社事業が売上130億円・粗利15%，新たに取り組んだファーストリフォームを含むメーカー製造事業が売上40億円・粗利40%というのが大まかな数字である。従来の主要事業である商社事業とは利益構造が異なり，売上貢献以上に利益貢献が大きいというのがこの事業の特徴である。2018年現在，登録施工業者は2万1,000社，常時在庫しているアイテムは6,000品目，うち6割が自社開発商品となっており，このロングテールの商品の品ぞろえがファーストリフォームの強みとなっている。

また，2015年3月には，平成26年の「先進的なリフォーム事業者」として経済産業省の表彰を受けた。経済産業省のホームページによると選考の基準は「新規性」「将来性・継続性」「社会的ニーズの対応」となっており，ファーストリフォームが評価されたポイントは以下の通りである。

▶ 施工業者向けの住宅リフォーム建材通販システム「ファーストリフォーム」を構築

▶ 現場まで1個からでもダイレクトに商品を届けることで，職人や施工業者の材料調達における手間を削減し，リフォーム資材流通全体の物流コストの軽減を実現

▶ 現場の声を反映した製品開発や優良な施工業者を育成し，適切なリフォームができるプラットフォームを構築

ファーストリフォームでは，施工業者に対する様々なサービスを提供している。ダウンロードして名前を入れるだけで，施主向けのチラシができるサービスや「ファースト事務」という間接業務をサポートするサービスも展開している。施工業者は工事以外にも，市町村ごとに様式の異なる介護保険申請やお客様への見積書の作成，ファーストリフォームへの発注など，様々な業務に追われている。こういった施工業者の事務処理の負担を軽減することで，工事に集中できる環境づくりをサポートしている。

また，東京・大阪で年1回開催される「優良施工業者認定会」で，施工業者

図表9-2 ファーストリフォームの物流・商流

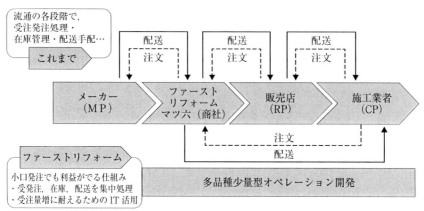

(出所) マツ六株式会社提供資料より。

から直接意見を聞く機会を設けるとともに，優良業者の育成を図っている。さらに，新たな視点での商品開発にも注力しており，大阪拠点のクリエイティブユニット graf と共同で，家具として日常に溶け込む高いデザイン性と軽さが特徴の新しいタイプの手すり＝LOHATES（ロハテス）等を提案している。

ファーストリフォームの仕組みは施工業者の困りごとを解消し，金物店が得意とする地域の施工業者とのネットワークを活かせるよう，役割を施工業者の開拓や代金回収に絞った。そして介護を必要とする家庭には「転倒のない安全な室内環境」を提供している。事業内容やビジネスモデルは新しいが，そこにはマツ六の「小さな商いをたくさん集め」，商売にかかるすべての人を幸せにするという「協調互敬」の創業理念が脈々と引き継がれているのである。

(4) 新たなコミュニケーション活動の展開

マツ六は，外部に向けたコミュニケーション活動においても，BtoB事業を中心とした中小企業としては極めて新規性の高い取り組みを行っている。

住宅用手すりの商品ラインナップが室内，屋外，浴室（水回り）と，ひと通り出揃ったところで，プロモーションの強化を図った。まずは，企業Webサイトとは別に，「転倒予防ナビ」という名称のWebサイトを立ち上げた。こ

のサイトでは，要介護になってからの介護保険頼みではなく，元気なうちに手すりを付けて転倒予防をすることの大切さを啓発している。「介護が必要になったので手すりを取り付ける」から，「転倒して介護が必要にならないために手すりを取り付ける」へと発想の転換を訴求している。高齢者は，転倒による骨折が原因で，寝たきり，要介護になる可能性が大であるが，このサイトを通じて，高齢者が安心して自立した生活を送る住環境を整える大切さがわかる。利用者には「玄関やトイレなど，場所ごとにベストな手すりとは何か」「介護保険を適切に使うにはどうすればいいか」，施工業者に対しては「設置場所に応じて手すりを付ける最適な方法は何か」といった情報を提供している。単なるモノの販促情報を超えて，転倒予防というコト＝社会的な価値の提案を行っているのである。

　さらに，「転倒予防ナビ」における転倒の怖さ，転倒対策を理解してもらうためのコンテンツの１つとして，パラパラ動画で有名な鉄拳に依頼し，ショートムービー「母の辛抱と，幸せと。」を作成した。その中で，大塚愛の「日々，生きていれば」という楽曲とのタイアップも行っている。この短動画は，マスメディアを活用した従来型の販促ではなく，コンテンツ自体が話題となり拡散していくような口コミを想定した作りになっている。その結果，YouTube や

図表9-3　ショートムービー「母の辛抱と，幸せと。」

（出所）　マツ六株式会社提供資料より。

SNS 動画サイトで 360 万再生回数を超え,「BRANDED SHORTS 2018」のノミネート作品にも選ばれている。

全体のストーリーは,「最近,田舎の実家にほとんど帰っていない 40 〜 50代の都会に住む男性」の母と息子の物語になっている。この動画を見ることで,「父親や母親が住む実家の階段に手すりって付いていたかなぁ」というような施主の気づきを狙ったものとなっており,大きな反響を呼んでいる。さらに,介護施設がケアマネジャーの研修に活用したり,工務店が自分の仕事を伝えるために動画を紹介するといった波及効果も生まれている。結果として,「マツ六といえば,住宅手すり。親のために手すりを付けるなら早めに」という理解が進み,手すり設置の引き合いも増えているという。

さらに,2018 年 1 月から,関東エリアでラジオ CM もスタートさせた。大切な人を守るのに必要なものは何かを広く啓発する目的で,高齢者の家庭内転倒事故の意外な事実の紹介や転倒予防の商品情報等を発信している。

(5) マツ六の事業イノベーションの特徴

現在,マツ六では,ファーストリフォームに次ぐ,新たな事業モデルへの取り組みを行っている。松本將現社長によれば,詳細の公表は難しいが,ファーストリフォームが「アスクル」の事業モデルを自社に転用したものであるとすれば,それは CtoC の「メルカリ」の事業モデルを BtoB に転用したものに当たると言う。その事業を通じて,メーカー,商社,金物店,工務店,施主などの全体がメリットを感じるものを生み出そうとしている。こうしたマツ六の事業イノベーションは,異業種で展開される新しいビジネスモデルを参考にした上で,自社の立ち位置やリソースを意識した時代の半歩先を行くイノベーションであり,マツ六を取り巻く重要なステークホルダーそれぞれの課題や困りごとを解消するところに成り立っている。まさにクリステンセンが提起した「ジョブ理論」における,様々なステークホルダーの「ジョブ」を解決するコーディネーターとしての立ち位置である。結果,自社を取り巻くエコシステムを最適化し,持続的な事業成長につなげるものとなっている。

また,マツ六の事業イノベーションの特徴は,古いものを活かしながら,新

しい要素を加えて再活性化するという点にもある。古い流通網に EC の新しい仕組みを取り入れることで新しい価値を生み出している。かつて新築でやってきた資産をベースにリフォームの仕組みを組み立てているのである。

そして，こうした取り組みは，結果として自社の業態のありようを見つめ直すことにもつながっている。現在，SPA（製造小売業）の興隆や製造業のサービス化が進み，メーカーと流通業の垣根が壊れつつある。そうした中で，金物問屋としてスタートしたマツ六がメーカー機能も強化することで，モノからコトへと自社が生み出す価値の変革を図っているのである。

4. 事業承継と組織変革

（1） 事業承継までの過程

松本將現社長は，大学卒業後，シャープに入社し4年ほど営業職に従事した後，国内のビジネススクールに通った。そして，ちょうど，バブル景気が崩壊するタイミングで，30代前半にしてマツ六に入社，それまで膨らみきっていた会社の事業や組織の体質改善に率先して取り組んだ。松本氏が，その時の組織の体質改善の旗頭にしたのが「バッドニュースファースト」と言うスローガンである。とにかく，悪い情報から先にテーブルに上げるという方針で，従来の番頭経営がもたらした問題の先送り体質を変える事を優先課題として，後追いの仕事，生産性を生まない仕事からいかに脱却するかに率先して取り組んだ。そして，1つ1つ課題を改善する中で，今ではこの「バッドニュースファースト」が，組織に深く根付いていると言う。

そして，40歳にして，副社長に就任。複数の事業を管掌する一方で，前社長から新規事業開発のミッションを与えられた。それは，「リフォームと高齢者社会への対応」という2つのキーワードのみだった。減っていく新築市場に対してこの2つのキーワードをもとに事業イノベーションを考えた。副社長プ

ロジェクトとして3名のメンバーで，毎日いろいろな試行錯誤や調査の結果を持ち寄り，居酒屋で夜遅くまで議論を重ねたという。その結果たどり着いたのが高齢者向けの住宅リフォーム事業であった。結果，1999年にバリアフリー建材のメーカー事業としてスタートした。しかし，非常にニッチな商品で，工務店にはニーズがあるが，金物を扱う小売店にとっては，常に需要があるものではないので在庫にしたくないと言うものだった。そしてそういった課題を解決するために，アスクルのビジネスモデルを元に，個々のステークホルダーの困りごとを解決するためのファーストリフォーム事業をスタートさせたのである。

　松本氏が社長職を継承したのは，44歳の時，前社長が77歳の時だった。その直後に「姉歯事件」の影響もあり，工事が大幅に遅れ，売り上げが減少した。さらにリーマンショックに見舞われている。社長就任直後に，まさに正念場を迎えたわけである。しかし，そのタイミングで，ファーストリフォーム事業が黒字転換し，会社の収益の下支えの役割を果たすようになった。ファーストリフォームが，新規の実験的事業から，収益を支える柱になった瞬間であった。既存の商社のモデルとファーストリフォーム事業の大きな違いは，利益率やキャッシュフロー創出力の違いにある。結果としてリーマンショック後，売り上げ以上に利益率が大幅に改善していったのである。

（2）　事業承継における課題の克服

　松本氏によれば，二人兄弟の長兄として，家業を継ぐことは自然の流れだったという。小さい頃から，祖父や父の背中を見る機会も多く，シャープへの就職やビジネススクールへの入学は，マツ六の経営を行うためのステップとなった。弟の松本渉氏も，専務取締役として主に管理部門（総務，経理，システム，物流）を管掌し，松本氏を支えている。堅実慎重で柔和温厚な性格で，台湾の大学への留学経験もあり中国語も堪能である。

　事業承継において，まず重要なのは，人，モノ，カネ，情報，暖簾といった経営資源の客観的把握である。ファミリービジネスにおいて起こりがちなのが，この経営資源を客観的に評価することができなくなってしまうことだ。松本氏

が，マツ六の経営に参画したのがバブル崩壊直後だったこともあり，当初はモノやカネに関する膨らんだ資産の縮小に追われた。その際，ビジネススクールで培った経営の知識や様々な業種に所属する生徒と共に学んだ他流試合の経験が，自社資源の客観的な把握に役立ったという。またその過程で，長年先代の経営を支えてきた番頭体制が，社内の情報の流れを停滞させていたという状況が大きな課題として浮かび上がってきた。そして，この人事の問題にも手をつけ，訴訟も辞さない覚悟で荒治療を行った。一方，実際の様々な取引の現場に関わる中で，仕入先や取引先との間で長年培ってきた関係性の深さが自社の最大の資源であることを発見した。また，その背後には，祖父から父へと脈々と受け継がれてきたマツ六独自の経営の考え方があることを深く意識するようになった。

　一方，バブル崩壊以降，多くのファミリービジネス経営が縮小均衡に陥る中，マツ六が成長を果たしたのは，現状のビジネスを取り巻く変化を肌で感じる一方，消費者や流通の大局的なニーズの把握もしっかり行った点が大きい。松本氏も指摘するように，そもそも事業イノベーションのお題は先代から与えられたものであるし，先代が行った様々なチャレンジ（海外ネットワークの構築，製品開発につながる技術力の強化や EC ビジネスにつながる電算室への先行投資）があったからこそである。しかし，なによりも松本氏自身が，事業承継を第二の創業と捉え，イノベーションを興すチャンスと捉えたことも大きかったと言えるだろう。

5.　今後の経営課題と対応

（1）　創業時の経営理念のメンテナンス

　松本氏は筆者のインタビューに答えて，「世代が変わっても残すものは理念である。形あるものは変えていくべきである一方で，理念は継承するべきであ

る。」と指摘している。コアとなる理念や技術は変わらない。しかし，時代の環境に合わせて，事業や商品，サービスの中身は変えていかなければならない。そして，その見極めこそが，ファミリービジネスを繋いでいく経営者の仕事である。

　また，強みというのは相手があるものであり，相対的なものだ。他社の模倣をせずオリジナリティーを追求し，他社との違いを常に強みに変えていくことが重要である。マツ六の強みのすべては長くやっていることがベースとなっており，得意先や仕入先との長期的な関係性の高さがその源泉となっている。

　そして，「多くの企業が自分たちの強みを強みとして理解していないことが多い。自らの強みを客観的かつ深く理解することこそが重要なのではないか」とも松本氏は指摘している。経営者や組織メンバーが自社の時代を超えた強みを強みとして認識できるかどうかが結果としての差をもたらすとも言えるだろう。

（2）　次代の事業承継への体制構築

　松本氏は，60歳の還暦に近い年齢に差し掛かっている。現在，自分と同年代の番頭2名を常務取締役として営業部門と開発部門の両方のトップに据え，管理面を弟の専務が支えるというある種盤石な体制を敷いている。そのような状況でもあり，大学生になる自身の子息も含めて，将来への継承を急いでいるわけではないが，徐々に後継者候補の選別と育成を始めている。

　今後，中堅企業からさらなる成長を目指す上で，親子の継承と番頭の代替わりという家業的事業承継から，より組織的な代替わりへの進化を目指している。松本氏によれば，マツ六には30代から40代に良い人材が揃っており，その人材の厚みが強みになりつつあるという。そういった人材に会社の理念とコアとなる強みを徹底的に浸透させ，また感覚や感性豊かで好奇心と探究心が旺盛な人材，失敗を恐れず諦めずチャレンジ精神旺盛な若手社員の育成を図ることで，今後さらなるイノベーションと事業成長を果たしていきたいという考えである。

（3）　今後の成長戦略の確立

　マツ六は2021年に創業100周年を迎える。この節目に向けて，当面の目標は，住宅用手すりメーカーで，ナンバーワンになることである。そこで重要なのは，量だけでなく質でもナンバーワンになることだ。そのためには，材料を安定供給し，高品質を維持し続けることが重要である。マツ六は商社としてスタートしている。したがって，メーカーとしての機能，技術やデザインには，まだまだ成長の余地がある。そういった意味では，この商社としてのビジネスモデルとメーカーとしての立ち位置をどう整理し，如何に最適な関係性にもっていくかが今後の最大の課題である。

　また海外に関しては，今後も事業ネットワークを広げていく方針である。高齢化社会がもたらす住生活ニーズの変化は，日本だけのものではない。しかし，介護保険制度は日本独自のものであり，この介護保険制度を元にしたマツ六のビジネスモデルがそのまま海外に展開できるかと言うと容易ではない。現在はエージェントを通じて海外の販売を行っており，住宅改修等も現地生産ではなく，コンテナ等で製品を送ることで対応している。長期的には国内市場が成熟化していく中で，今後どのような形で海外展開を加速していくか，様々なトライをしているものの，まだまだ課題は多い。

　松本社長への複数回のインタビューを通じて，自らの体験に基づく，ファミリービジネスの次世代経営者が持つべき心得のような部分も伺うことができた。最後に，松本社長の以下の弁を持って，本章を終えることにしたい。

　　「事業継承において肝心なのは，資産は先代からの預かりものであって，継承者は物心ともに背負いきる覚悟があるかどうかということ。そして，一旦継承したら，カタチを変えても磨いて次の時代へバトンタッチすること。『金を残すは下，事業を残すは中，人を残すは上』という金言をもって，ことにあたるべし。」

178　第Ⅱ部　事　例　編

【Review & Discussion】

① ファミリービジネスにおけるイノベーションやビジネスモデル革新のポイントについて考察してみよう。

② 事業イノベーションを興す上で，ファミリービジネスの継続性や資産は，どのような場合に制約となるのか，逆にどのような場合に後押しとなるのかを，考察してみよう。

③ ファミリービジネスのオーナーシップと事業のイノベーションの関係について考察してみよう。

〈参考文献・資料〉

「輝け！中小企業の星 26 マツ六」『プレジデント』2018 年 7 月 16 日号。

『Idea4U』vol.38 2018 年 3 月号。

季刊『企業経営』Suruga Institute Report 2017 年 10 月号 140（一般財団法人 企業経営研究所）INTERVIEW。

経済産業省 HP《http://www.meti.go.jp/policy/mono_info_service/mono/jyutaku/images/15.pdf》（2018 年 11 月 30 日）。

クリステンセン，クレイトン・M.〔2017〕『ジョブ理論―イノベーションを予測可能にする消費のメカニズム―』ハーパーコリンズ・ジャパン出版社。

〈謝辞〉

本章作成にあたり，松本將社長への複数回のインタビューを始め，マツ六様から様々な情報，資料を提示頂いた。ご協力に深く感謝申し上げます。

（首藤明敏）

第10章

《ビズアップ総研》

後継者教育と経営革新

本章のねらい

　本章は，会計業界において起業し大手会計グループに成長させた創業者の後継者育成教育を後継者の立場から取り上げている。経営の後継者には運命との出会いが待っている。好むと好まざるとにかかわらずファミリービジネスである以上，その家系の後継者にはやがて訪れる事業承継という試練が用意されている。創業者は親でありながら経営者であるという二重の存在であり，公私にわたりリーダー的存在として，幼い頃からその大きさと重さを身をもって感じている。後継者育成には財産や事業の承継以前に，人としての素養と経営者としての実力の涵養が求められる。成人し社会人となるや，経営者として自立に向けた適性試験と呼ばれる赤字子会社の事業再生と経営革新というミッションが下された。3年に及び課題解決に向けた訓練と緊密な親子協働が続く。この過程には実践的な後継者教育の姿が見える。後継候補者は，創業者である親に後継者としての適正や実力を認知される必要がある。経営革新を体現できる一流の経営者に成長してこそ初めて真の後継者となる。そのためには正しい親子の絆，必要な時間とチャレンジの機会とが用意されなければならない。

キーワード

後継者教育，親子協働，チャレンジの機会，経営革新，真の事業承継

〈株式会社ビズアップ総研　会社概要〉

本社所在地：東京都港区東新橋
設　　　立：1998 年
代　表　者：吉岡高広
資　本　金：1000 万円
従 業 員 数：30 名
売　上　高：4 億円
事 業 内 容：教育研修サービス

〈吉岡マネジメントグループ　会社概要〉

本社所在地：札幌本社：北海道札幌市，東京本社：東京都港区東新橋
設　　　立：1977 年
グループ代表　吉岡和守（代表取締役会長）
資　本　金：3 億 7600 万円
従 業 員 数：250 名
グループ連結売上高：40 億円
事 業 内 容：会計税務，システム開発，IT 推進支援，各種コンサルティング

1. はじめに

　本章で取り上げる(株)ビズアップ総研は，吉岡マネジメントグループの一翼として教育研修事業を担っている。ビズアップ総研は創業者の長男である吉岡高広氏が小さな赤字会社を再建し会計業界で有力な教育研修会社にまで成長させ，2013年から代表取締役に就任している。このビズアップ総研はまた後継経営者への登竜門として吉岡マネジメントグループの創業者によって用意された，吉岡家の後継者育成のための舞台装置でもある。幾多の経営革新を実践することで後継者は自立した経営者の道を歩みだす。失敗を経験するも改革を続け成長への経営基盤を構築する。2017年4月には吉岡マネジメントグループの本社機能を有する(株)吉岡経営センターの代表取締役に就任。後継者として本格的にグループ企業における経営承継活動を開始することとなる。

　本章は，その時々における厳しい経営環境を克服するために必要な経営革新を創造できる能力と経営行動に焦点を当てつつ，後継者育成教育を考察する。

2. 会計業界と吉岡マネジメントグループ

(1) 会計業界

　会計業界の職業的専門家である主要なプレーヤーは，おおよそ78千人の税理士と32千人の公認会計士である[1]。税理士による税務関連業務，公認会計士による会計監査関連業務などの基本業務をはじめとした多様な会計関連業務や経営コンサルティング活動など幅広い領域にまたがって，プロフェッショナル・サービスを提供している業界である。具体的には，会計データを軸にした経営アドバイザリー業務，相続・事業承継対策，M&Aアドバイザリー，海

外進出支援，IT 化推進，教育活動など，クライアント企業のニーズに積極的に応えることでその活躍の場はさらなる広がりを見せている。会計事務所業界の市場規模は 1 兆 6 千 6 百億円[2]と言われている。

監査法人系の税理士法人を除き，税務会計事務所をザックリと区分してみると，スタッフが 100 人を超える大規模会計事務所，スタッフ数十名の中堅会計事務所，スタッフが数名から十数名程度の小規模零細会計事務所など大小さまざまである。しかし，全体のうち小規模零細会計事務所数の割合は 90% 以上を占める。近年では所長税理士の高齢化や人手不足による採用難が進行し，後継者不在による撤退や会計事務所同士の M & A なども増加している。税務会計事務所も 2 極化の一途を辿っており厳しい経営環境にある。

(2) 吉岡マネジメントグループ

吉岡マネジメントグループは 1977 年に税理士である吉岡和守氏が税務会計事務所を札幌市で創業したことに始まり，現在グループ企業 10 社を形成し発展を見せている。歴史をさかのぼれば，1985 年に発足した MMPG（メディカル・マネジメント・プランニング・グループ）[3]に加盟し成長の機会とした。これを契機に医療機関に対するサービス提供体制をいち早く整備・確立し，北海道内において医業特化事務所としてトップシェアを実現。1998 年には東京進出を果たし，現在は札幌本社と東京本社を有している。その中核である税理士法人は，支店が 7 拠点，会計顧問先数が 2,000 件を超え，全国をカバーする有力な総合型会計事務所に成長している。

近年では，IT・WEB を活用した経営支援システム，クラウド型財務システムの開発・販売などで注目され，また，同業者向けに会計システムや業務効率化支援などのクラウドサービス，WEB 教育サービスなどを展開。会計事務所の M & A にも取り組んでいる。

図表 10-1　吉岡マネジメントグループの機能組織図

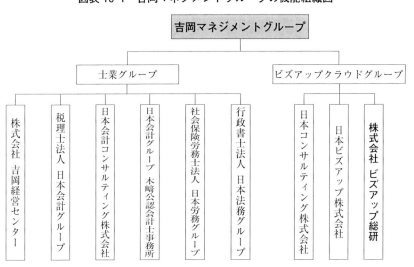

3. 少年時代の教育

(1) ファミリービジネスの宿命

　ファミリービジネスは，経営に家族が参加するため，必然的に家族の在り方が経営に影響を及ぼすことになる。後継者候補は，後継者になるために，自分の能力を家族や社員に認めさせ，然るべき信頼を勝ち取らなければならない。後継者になれば，顧客や取引先を初め周囲との良好な関係を構築し，組織の発展に貢献しなければならない。その意味で，後継者にはリーダーシップ能力を涵養する教育が求められる。

　また，ファミリービジネスにおける経営の承継には，創業者の経営哲学や価値観を初めビジネスに対する考え方など多くの多様な無形資産の伝承などが伴う。特に，目に見えないものの伝承は目にできる教育によって継承可能となる。少年期に受けた親からの教育は，後になって分かることもあるが，物の見方や

考え方に大きく影響する。組織のリーダーに欠かせない原理や原則を論すこともあり、一種の帝王学のようなものであることが多い。帝王学と言っても決して体系化されたものではない。日常生活の中で生じる出来事に対する心の持ち様や考え方、助言、指導、ときには叱責といった類のものも含まれる。特に人格形成に大きな影響を及ぼす少年期の日常会話やちょっとしたアドバイスの中には、少年期の成功体験に結びつくような、あるいは成人してからも役立つようないわば金言といえる言葉がある。

（2） 父親から受けた少年期の金言

少年期に受け自覚を触発された父親からの数々のアドバイスがある。金言として心に残っている言葉を幾つか挙げたい。

① リーダーになれ

小学6年生の時のエピソードである。生徒会の副会長に立候補して当選したため、父にも喜んでもらえると思い電話で報告したところ、「どうして生徒会長に立候補しなかったのか？ 会長でなければ意味がない。」と褒められるどころか予想に反して叱られたことをよく覚えている。このような経験もあり、中学2年、3年と生徒会長を歴任することができた。2度にわたり生徒会長に就任できたことは、開校以来で初めてのことだった。少年期に、リーダーポジションを数多く経験することは、将来の後継者にとって価値ある経験だったと思う。

② 自己肯定感を持つこと

自己肯定感とは、「自分はかけがいのない大切な存在で、周囲から必要とされている」というように、自分のあり方を積極的に評価できる感情、自らの価値や存在意義を肯定できる感情をいう。どんなに苦しい状況であっても常に前に進んでいく父親の言動や背中を見て育ったお陰で、自己肯定感を失わずに済んだような気がしている。

③ 何事も責任ある行動を取れ

「経営者には，社員とその家族の生活を支える責任がある」との教えを何度も繰り返し受けた記憶がある。経営は周囲の協力があって初めて成り立つものであるが，その協力者となる社員は，家族との生活を守るために働いている。経営者が自覚をもって行動しなければ，最も影響を受けるのは社員である。

④ 周囲を巻き込み成果を最大化する

小学4年生の時，清原和博選手が年俸1億に到達したというTVニュースを見ていた際，「1億円を稼ぐことはそんなに難しいことではない。会社という組織であれば，清原の年俸よりももっと大きな金額を稼ぎ出すことができる」と父親からきっぱりと言われたことを覚えている。経営者の仕事は，社員と共にいかに多くの成果を生み出すかであることから，組織の存在意義を感じたのである。このことは，中学生時代の生徒会活動で再認識することとなった。

生徒会活動では，毎年歳末助け合い運動などの募金活動が実施される。1995年に阪神淡路大震災が起きた際には，生徒会から急遽募金活動の実施を提案して学校側から承認された。この時，周囲の協力を得られるよう広報活動（校内印刷物，委員会，校内放送など）を積極的に展開し，学校全体を巻き込むことで過去最高の募金額を集めることができた。個の力を超えた組織力の大きさに驚かされた。

⑤ 物事を分かりやすく簡潔に説明すること

父との日常会話では，政治，経済，スポーツなどのテーマについて自身の見解を聞かれることがよくあった。「これについてどう思うか，自分の考えを説明してみなさい」といわれ夕食時に説明するはめになった。「何を言っているか分からない，結論から簡潔に説明しなさい」と。このような訓練を受けていたお陰で，生徒会長として行う本番スピーチでは自信をもって臨むことができ，現在でも大いに役立っている。

⑥ 正統派として王道を歩め

よく「お前はなぜ髪を染めないのか？　なぜたばこは吸わないのか？」などと聞かれ，それらの行動が周囲の印象や評価にどのようにつながるか自分で判断するようにと求められた。正統派の王道を歩もうとする行動は，会計事務所という組織を引き継ぐなかで有効であったし，周囲や社会との調和の中で，足を踏み外すリスクを避けることができたように思う。

（3）　生徒会活動による原体験

少年期の教育は，高校，大学そして社会人になっても心の中に生きているものである。特に小中学時代の生徒会長としての募金活動や成功体験は，先にも触れたようにリーダーシップを感じ取る原体験となった。10名弱のメンバーと共に想いを共有し，「自分達の力で学校を良くしたい」という強い志があった。またそれを引き出し，メンバーのモチベーションを高めようとした働きかけは初歩的ではあるがマネジメントにつながる行動であった。また新規テーマの発掘やプロジェクト化の過程は事業企画の，学校全体に生徒会活動を浸透させて成果に導くことは，マーケティングやビジネスの疑似体験になったような気がしている。その時の充実感は，経営者であればこそ感じられる心境に通じる。

（4）　修行時代に学んだサービスの原点

① 資格試験での挫折

大学入学を機に札幌から東京に生活の場が移った。大学生時代は，税理士資格の取得が義務付けられていた。しかし，親元を離れた解放感に浸り，受験生活とは縁のない生活を送るはめになる。大学在学中も父の仕事関係者や同業の先輩方にお会いして様々なお話を聞く機会があったが，その都度「お父さんはすごい人だから，息子に生まれてプレッシャーが大変だね！」などと，今であれば笑って聞ける話だが，どこかレールに敷かれて生きている後継者としてのジレンマに悩まされた。資格試験に対するモチベーション喪失のまま大学を卒業することになった。

大学卒業とともに，友人が社会人として新たなスタートを切り，仕事に取り組んでいる姿を目の当たりにすると，受験勉強中の自分の姿に負い目と不甲斐なさを感じることもあった。もともと税理士という職業に強い興味があったわけではなく，税理士資格の取得は後継者としてのスタートラインに必要なパスポートであったというだけのことで，兎にも角にもただ現状打開に専念した。

② 講師業での経験

受験勉強中の身ではあったが，同時に，既に合格していた法人税法の講師もしていた。そのときの1つのエピソードである。当時のある専門学校では，自校以外の教材の使用や情報提供を固く禁止していたが，講師としての責任を果たし合格の可能性を高めるためには，他校の受験情報も積極的に受講生へフィードバックすべきであると考えていた。実際にそのようにしたため，学校側から処罰を受けたのだが，このことは顧客第一主義の本質を考える良き機会となった。つまり，会社が定めるルールに従うことは一社員として当然のことであるが，会社内部の都合や見栄を優先する内向き志向では，本当の意味で顧客の利益には繋がらないと。この信念は今も変わらない。講師として，受講生からの信頼も得られ，充実感を持って職務に当たることができたし，短い期間ではあったが後継者という立場を離れての経験は，不要なプレッシャーから解放されたようで，大いに自由を楽しむことができた。

しかし，状況が一変したのは，父の病気が見つかった2010年のことである。改めて家族や後継者としての役割・責任に思いを巡らし，吉岡マネジメントグループへの入社を決意した。後継者としてのスタートラインに立つ覚悟を固めた。

188 第Ⅱ部 事 例 編

4. 挑戦と自立への道

(1) 赤字会社を舞台にした「適性試験」

① 事業再生への挑戦

ビズアップ総研は，先進的会計事務所の勉強会組織として 1998 年に発足した前身から，2011 年 1 月に社名変更して誕生。創設当時から時流テーマを中心に，先進事務所が持つ経営ノウハウを共有することを目的としたセミナーを開催してきたが，事業立ち上げ時の勢いは削がれ低迷し赤字のどん底状態であった。

そんな状況下の 2011 年 9 月，後継者候補が会計事務所ではなく，よりによって業績最悪会社の責任者に指名されたのである。社員数は 3 名であったが，その後 2 名に退職してもらい残ったメンバー 1 名と共にビズアップ総研の事業再生を実現するという挑戦機会を与えられた。

創業者の思いを推し量れば，成功している大組織ではなく，スタートアップに近い環境あるいは逆境にある会社において，一から事業を創り上げ，経営のイロハを経験させたいという願いであろう。そして，仮に失敗しても経験という学は残るが財務上の実害は小さいし，首尾よく成功すれば経験浅き後継者なればこそ大きな自信につながるに違いない。

結論から言うと，その年の事業年度には赤字から脱出し，より確かな収益基盤を創ることができた。このことは，創業者からの継続的な OJT 教育と経営の原理・原則を日々叩き込まれたことによる成果であった。

② 親子協働の事業改革

ビズアップ総研の責任者となったその時から，OJT 教育が本格的にスタートした。毎週 2 回程度，揃って朝食を取りながらその週毎の課題を整理し，即

業務に反映させていくという訓練は約3年間継続して実施された。

特にこの期間で受けた，以下4つのOJT指導テーマについては指導を受けつつ，即ビズアップ総研での取り組みとして実践，かつ，その都度創業者からフィードバックを受けることを繰り返し行った。

《OJT指導テーマ》

情報収集活動（時流テーマの確認とニーズ分析）

会社経営に大きな影響を与える「外部環境」の状況や変化を読み取ることができるよう，日本経済新聞を中心にビジネスに必要な情報収集からスタート。社会の関心に自分の関心を合わせる訓練をして，社会のニーズを探る癖をつけるよう指導され，その後新聞以外の媒体への展開も含め情報収集活動の基礎を学ぶ。

商品開発活動（セミナー企画と商品企画）

業界時流テーマのピックアップとセミナー企画を進め，専門テーマを持つ講師へのアプローチ方法を学習。創業者の人脈をたどり，かつ自身の専門学校講師の経歴を活用しての業界著名講師へのコンタクトなどを通して，講師人脈の基盤を構築する。また，会計業界の業務は，年間スケジュール化できるため，季節ごとに求められる業界向け企画ネタをどのように編集するかなど，企画業務の基礎を学ぶ。

販売促進活動（FAX，パンフレット，WEBサイト構築）

自社商品をどのように外部へ発信していくか，小さな資金の乏しいビズアップ総研ならではの販促活動，特に顧客となる税理士の高齢化を踏まえた上での販促活動の留意点などを学ぶ。

営業活動（単独営業及びグループ内営業部隊との協働）

当時は営業担当がいなかったため，関連会社である日本ビズアップ（株）の営業担当者と連携し，そのユーザーに対して同行営業を実施する。アプローチ

190　第Ⅱ部　事　例　編

対象とすべき優良事務所の特徴などを分析する。

　スタート当初は，指導を受けたことをそのまま実行することが多かった。1
～2年とやり取りを繰り返しつつ，何度も忌憚のない意見交換を行った。創業
者のビジネス思考や経営行動などの言動を間近で観察できたことは，いつしか
「父ならどう考えるか？」を思考する習慣をもたらした。結果的にOJT研修が
終了する頃には，創業者に近い思考パータンを持てるようになり，各テーマに
関する思考レベルが一段ずつ高まっていくような感覚を覚えるようになる。

③　親子協働による経営承継

　3年という長期間にわたる訓練と協働は，後継者候補という立場があってこ
そ叶えられたことで，後にも先にもこれまでの親子関係の中で最も濃密な時間
であった。無駄なことには寸暇も嫌う創業者の時間感覚の中で，これだけの年
月と密度をもって実践教育に費やしてくれたことは，ファミリービジネスでな
ければ考えられないことと思われる。この期間のOJTを通して，ビジネスに
対する考え方，経営者として求められる判断基準，創業から40年にわたるグ
ループの軌跡など，創業者の有する経営哲学や価値観を含む有益な無形資産の
承継ができた貴重な機会であった。そのことはまた，親子間のコミュニケーショ
ンの進化と信頼関係の構築という点で掛け替えのないものとなった。

（2）　ビジネスモデルの変革と新サービスの開発

①　e-ラーニングビジネスへの参入

　次なる課題は，小さい黒字会社をいかに成長企業へと変革するかである。成
長には売上高を伸ばす必要があり，そのために本業としての定額収入（会員か
らの会費収入）を増加させることができるビジネスモデルの構築という新たな
ミッションを掲げた。これまではOJTが中心であったが，徐々に後継者自身
がミッションと戦略を思索し提案するように変わってきた。

　従来から展開していた研修サービスは，リアルセミナーへの参加を前提とし

ており，営業対象エリアも関東近県に限定されていた。リアルセミナーに参加できない会員事務所には，補講サービスとしてセミナー DVD を発送するサービスも行っていたが，顧客満足度に直結しているかどうかが不明なため，常に退会リスクが付きまとう状況であった。また，当時から会計業界向けの研修会社は乱立しており，従来のリアルセミナー中心のサービス体制では特徴的な差別化は困難であった。市場環境分析を徹底的に行い営業上のターゲットを絞り込むことで打ち出した差別化戦略が，リアルセミナーと e- ラーニングサービスを組み合わせた「ハイブリット型研修サービス」である。e- ラーニングをサービスの中心に置くことで，商圏の拡大と顧客満足度の向上という 2 つの課題を同時に解決することができた。

2012 年夏に e- ラーニングビジネスへ参入し，新たなサービスとして WEB 研修システム「e-JINZAI」4) の運用を開始した。e-JINZAI の開発に合わせて，会員サービス内容及び会員区分を一新。従来通りの会員区分に加えて，e- ラーニングサービスのみを利用できる WEB セミナー会員制度を新たに創設することで，現在のビズアップ総研の基本サービスが誕生したのである。2012 年夏から e- ラーニングサービスを全会員向けに標準サービス化し，新たに WEB セミナー会員を設けて商圏を全国に拡大したところ，会員獲得スピードが大幅に上昇した。1 年で会員数が 2 倍以上に増加した。会計業界向けに e- ラーニング研修サービスを本格的に展開した最初の企業になることができたのである。

② 第 2 のイノベーションでブランド浸透

2013 年，高広氏がビズアップ総研代表取締役となり，予算や経営に関する権限の委任を受ける。対外的には「ビズアップ総研を業界 NO.1 の教育・研修会社へと成長させる」と宣言し，自分色を出していける経営者としての本格的自立の年となった。

順調に会員数を伸ばし e- ラーニングサービスの認知が高まってきた頃，競合にある某社が，当社と全く同じビジネスモデルを用いて，会計業界向けの研修サービスを展開しているとの情報が入った。その業者は，ビジネスモデルか

192 第Ⅱ部 事 例 編

らセミナー企画の内容まで酷似させ，当社の講師人脈にまで手を伸ばしてきたのであった。ライバル企業の出現により新たな戦略の見直しに迫られた。苦渋の中にも光明を見いだそうとの必死の思いの果て，グループ税理士法人のマネジメントに関わっていたことと大手会計専門学校での講師経験が次なる戦略の創発をもたらしてくれた。

　税理士法人でのマネジメントを通して，2013年の税理士試験直後に実施した採用活動では，これまでメインターゲットであった会計事務所勤務経験者の応募者が激減し，明らかに採用の潮目が変わったことに気づかされた。従来であれば大手A会計専門学校や大手B会計専門学校の合同説明会[5]に参加することで，一定数の中途採用者を確保できていたが，この年は最終的に未経験者[6]を多数採用せざるを得ず，そのため自らの手で一から教育をする必要が出てきたのである。

　当時の採用市場は，少しずつ売り手市場に切り変わっていたが，2013年は会計業界においても，税理士試験受験者の大幅減少[7]と相まって採用に影響が出た最初の年でもある。弊社グループでは，未経験者を採用した場合，従来から存在していた新人研修プログラムに沿って育成活動を行ってきた。確定申告などの繁忙期前にも，必要な研修を適宜実施していたが，決して満足のいく内容ではなく，未経験者を採用した場合の教育体制の整備が課題に上がっていた。この時，当社のような大手会計事務所でもこの有様であれば，他の会計事務所でも同様に未経験者の教育研修体制は整備されておらず，売り手市場の採用難時代が続いた場合，未経験者の育成に苦戦をする事務所が増えるのではないかという仮説が生まれた。未経験者採用が増加していく中で，将来的に職員向けの研修サービスのニーズが高まった場合，e-ラーニングサービスを活用することで効率的な研修環境を整備できるはずである。

　かくして，職員教育専門講座となる「実務力養成講座」[8]を全力で開発し完成させた。2014年から販売開始，未経験者採用時代における有用な職員教育サービスを可能にするといういわば第2のサービスイノベーションを叶えることができ，新たなカテゴリーを加えてe-JINZAIのラインナップは一段と充実した。この職員向けの実務力養成講座という新たな事業の柱ができたことで，

第 10 章　後継者教育と経営革新　193

図表 10-2　実務力養成講座：階層別体系図

◆実務力養成講座	
1 未経験者・アシスタント	事務所事務基礎／一般教養・ビジネス基礎
2 準担当者	税務の基礎と申告書作成／周辺業務基礎
3 巡回担当者	巡回業務／付加価値業務／管理会計
4 専門特化担当者	相続担当者／医療担当者／歯科担当者／社福担当者／組織再編担当者／連結納税担当者／M&A 担当者

　会員事務所の数が従来の 2 倍以上に増加し，また 2015 年度頃には会計業界内において，「職員教育サービスはビズアップ総研」との認知が急速に高まっていったのである。

③　コンサルティングの事業化支援

　「実務力養成講座」の成功で，会計業界内でビズアップ総研のレピュテーションは確実に向上した。このことが 2 つの変化を引き起こした。1 つ目は，セミナー講師からの売り込みが増えたことにより，セミナーやコンテンツ企画の質がかなり高まったことである。そのため，顧客満足度が一層高まるという好循環が生まれた。2 つ目に，先進事務所からもたらされる有益な情報提供が大幅に増えたことである。有益な業界情報が集まる環境は，ビズアップ総研に新たな事業を触発させる契機となった。当時から会計業界では事業規模の二極化が進行しており，既存のビジネスモデルに加え新たにコンサルティングサービスを模索していた。先進的事務所では，それまでに培ってきたノウハウ等をもとにこの分野を開拓し，既に事業の柱としており，コンサルティングサービスは競合他社との差別化要素となっていた。

　従来からのビジネスモデルである「記帳代行＋税務申告」に依存しているだけの会計事務所は，より厳しい経営が予想される。中小企業数の減少が続く経営環境の下では，収益減少圧力に悩まされるであろう。既存ビジネスの他に，新たな収益の柱となる「コンサルティングサービスの事業化」は，今後の事務所経営を左右するとの確信を持つに至った。そこで，財務コンサルタントの協

力を得，ついには下記の3方針のもとコンサルティングサービスの事業化を支援する講座を開設することとなった。

① コンサルティングノウハウは，すべて受講者に公開する。

② 受講直後から営業を実践できるように，提案資料は完璧を期す。

③ 受講中および受講後の必要サポートは，講師とビズアップ総研が責任をもって対応する。

かくしてビズアップ総研にとって，会計事務所に特化した「コンサルタント養成講座シリーズ」は事業の2つ目の柱となったのである。同業者に対してコンサルティングノウハウを提供するビジネスモデルは，セミナー講師にとってもコンサルティング報酬を得られるだけでなく知名度の向上にも繋がるため，顧客，講師，ビズアップ総研の三方よしの事業として，業界内でも確かな認知を得ることができた。

（3） 画期的な他業種への躍進

① 一般企業向け総合研修サービスの挫折

会計事務所特化研修サービスの利用企業数は，2017年に1,000社を超え，業界トップクラスの教育研修会社となった。しかし，会計業界だけではパイが限られているため，今後の更なる成長のために他業種への進出を考えた。すなわち，一般企業を対象にした総合研修サービスへとステップアップする政策である。市場分析によれば，2016年の市場規模は5,000億円を超え，しかも人手不足・人材難を背景に市場は着実に拡大していた[9]。また，当社の主軸サービスとなるe-ラーニング市場もスマートフォン，タブレット端末の普及やクラウド環境の進展等々のため市場環境は順風であると考えられた。これらの分析から，中小企業を中心とした一般企業を戦略的ターゲットに据えるという決断を下した。

ベンチ―マークを行い，大手研修会社の研修内容を徹底的に分析したうえで，e-ラーニングサービスでは競合他社と肩を並べる動画コンテンツを揃え，

e-JINZAI シリーズの第2弾として「e-企業 JINZAI」[10] をリリースした。

　特に中小企業の教育研修体制を見直した上で，e-ラーニングの導入支援を全面にアピールして活動したが満足できる成果にはつながらなかった。一般企業向け研修サービスのマーケットは，巨大ではあるがその分大手企業など数多くの研修会社が乱立しており，競争の激しいいわばレッドオーシャンマーケットであった。一般企業を対象にした他業種への進出は失敗した。

②　金融機関向けサービスの発進

　失敗から逃げるな，失敗には根本的な原因があるはずだ。しかし，ではなぜ会計業界向け研修サービスでは成功できたのだろうか。再度検証の必要がある。当社は会計事務所母体の教育・研修会社であり，会計事務所に関しての最新情報や経営・教育ノウハウを社内で蓄積している。このため同業界の教育・研修ニーズに適格に対応できる準備能力が培われている。このことを更に敷衍して考察すれば，次なる突破口が見えてくるはずである。

　こうした失敗を避けるには，一般企業にアクセスするのではなく，会計業界とビジネス構造が近い業種を選定する必要がある。さすれば，これまで企画開発したコンテンツをベースにして，新サービスの創造は可能となるはずだ。多様な分析結果から，ついに地銀，信用金庫，信用組合から構成される金融機関にターゲットを絞り込むことができた。対象業種を「金融機関」と定めるにあたり，なかでも金融機関を取り巻く業種分析と環境分析についてそれぞれ特徴的な3点を上げる。

《業種分析から》
①　必ず法改正などの最新情報を収集する必要がある。
②　法律の改正が即ビジネスに影響する。
③　資格取得などを含め行員の学習意欲が非常に高い。
《環境分析から》
①　マイナス金利等の影響で業績は厳しくコスト意識が高い。
②　集合研修中心の研修体制なので利便性に対する不満がある。
③　研修サービス企業のコンテンツがマンネリ化し魅力を感じていない。

金融機関は大きく2つの経営課題に直面している。1つ目の課題は，現今の金融環境下では既存のビジネスモデルの陳腐化は避けて通れず，新たな成長戦略としてコンサルティングサービスの強化などによる手数料収入の拡大を掲げていること。特にコンサルティングサービスの展開は，相続・事業承継など，当社が会計業界向けに展開しているサービスと親和性が高く，当社の強みをそのまま活用できる。

　2つ目の課題は，従来から金融機関で行われていた研修は，全支店から行員を本部に集合させて行うリアル研修が中心であった。現在の働き方改革全盛の時代において，研修に余分な時間とコストをかけないことが推奨されており，これから本格的にe-ラーニング研修を取り入れざるを得ない環境にあることである。

　このような状況にもかかわらず，既存の研修会社が金融業界に提供している教育・研修サービスを調査・分析してみると，目を見張るようなコンテンツもなく品質面にも独自性が弱いことが分かった。以上のような分析の末，金融機関のニーズに対応できる多様で広範なコンテンツを開発することを決断した。2018年1月から「金融機関e-JINZAI」[11]を商品化，本格的に営業活動を開始した。また，ポータルサイトなどの各金融機関専用のシステムに動画サービスを組み込むことで，全ての行員がアクセスできるe-ラーニングサービスも実現した。経営改革の手を休めず，状況変化に対応した新たなサービスの創造を続けることで，遂に念願の会計業界以外の市場において初めて教育・研修サービスの実績を残すことができた。

5.　む　す　び

　ビズアップ総研が金融機関の研修サービスに参入できたことの意義は，非常に大きかった。この成功により，将来に向けた新たな経営課題が明らかとなり，

業種特化型戦略を創発することになる。これは当社のシナジーが効く幾多の業種に対しても，適切な研修サービスを展開できる可能性が広がったということである。またその先には，研修体制構築コンサルティングへの道が拓けるであろうことが予想される。研修体制構築コンサルティングのイメージとしては，当社が，ユーザーである顧客企業と一体となることで，必要な研修コンテンツ，研修カリキュラム及び研修管理情報をオーダーメイドで提供できるようなサービスである。

　現在，多くの企業は，教育研修会社が用意したメニューをそのまま利用しているが，業種や業態により本来実施すべき研修内容は異なってしかるべきと考える。というのも，各社毎に必須とされる業務の遂行能力には特徴や違いがあるからだ。今後は各社オリジナル性を追求する時代が必ずやってくると信ずるがゆえに，そのような時代に対応できる新たな改革が課題となる。

　最後になったが，ビジネスの世界ではマーケットや技術等は日進月歩と進化や変化が絶えない。教育・研修事業もその例外ではなく，変化に合わせて常に経営革新が求められる。改革を怠れば衰退の道が待っている。経営課題の解決による束の間の平安にも，既に起こっている新たな変化にリスクとチャンスの萌芽があることを忘れてはならない。

　後継者は，厳しい経営の現実と早い時期に向き合うべきである。ファミリービジネスにおける親子関係では，創業者あるいは経営者でもある親の姿勢として，子供の少年時代から日常的に教育を始めており，さりげない機会にも指導や教育を行っている。後継者候補は，気が付いた時には多くの学習機会に遭遇しつつ自覚を深めてゆく。本ケースでは，社会人として新たな門出をするも，早い段階でファミリービジネスに加わる。ただ入社するのではなく，後継者が実際に事業責任者に指名され，事業の再生や変革のミッションを付与される。課題解決に向けた日々の実践的な後継者教育と親子協働の機会が用意されたことは誠に特筆すべきことであろう。また，このプロセスはファミリービジネスとして，一族がその事業で果たすべき総合的・社会的役割を自覚する上でも効果的であったと思われる。

198 第Ⅱ部 事 例 編

　経営判断には，二律背反する事象がよく現れる。実践的経営は，理論や科学で全てを語ることはできない。特有のスキルや経験が必須である。後継経営者には試行錯誤による成功や失敗体験，自立と決断力，分析力と問題解決能力，仮説と構想と検証，謙虚な努力と胆力，社員に寄り添う心と確かなリーダーシップ等々多様な能力が求められることがこの事例から垣間見ることができる。

　真の事業承継とは，財産や会社の承継を超えた，経営革新能力と意思を有する一流の経営者を育成することではないだろうか。また，この事例では意図していないもう１つの側面として，後継者教育は世代間の息の長い愛と葛藤のストーリーでもある。

【Review & Discussion】

　①　ファミリービジネスの後継者を一人前の経営者に教育・育成するためには，現経営者（オーナー）の立場と後継者（サクセッサー）の立場の両面からいかなる教育環境を準備すべきかこの事例を通して考察してみよう。
　②　後継者が存在するにもかかわらず，後継者が自己の意思で事業承継を忌避する場合がある。その理由として事業に魅力がない，あるいは親のビジネスに関わりたくないという意見がある。あなたはファミリービジネスのオーナーであると仮定して，この意見に対してどのように対処すべきかを考察してみよう。
　③　経営革新を引き起こすリーダーシップとは何か？　考えられる要素を箇条書で列挙してみよう。

〈注〉
　1）日本税理士連合会税理士登録者数および日本公認会計士協会会員数等調の会員数。いずれも平成 31 年 1 月から引用。
　2）総務省提供「平成 28 年経済センサス」より。
　3）医療機関の経営安定化，近代化を目的として 1985 年に創設された医業経営コンサルタントグループ。
　4）ビズアップ総研 HP［e-JINZAI］《http://www.bmc-net.jp/e-jinzai/web-seminar/》（2018 年 12 月 1 日）。
　5）税理士試験後および合格発表後に専門学校主催で行われる就職イベント。
　6）未経験者とは，新卒者または会計業界未経験の中途採用者を指す。
　7）2013 年の税理士試験受験者は，前年比 5,287 名減少で初めて受験者数が 70,000 人割れとなった。

8) ビズアップ総研 HP［実務力養成講座］《http://www.bmc-net.jp/e-jinzai/web-seminar/practice/assistant/》（2018 年 12 月 1 日）。
9) 矢野経済研究所プレスリリース「企業向け研修サービス市場に関する調査（2017 年）」
10) ビズアップ総研 HP［e- 企業 JINZAI］《http://www.jinzaikaihatsu.com/》（2018 年 12 月 1 日）。
11) ビズアップ総研 HP［金融機関 e-JINZAI］《http://www.mw-ejinzai.com/》（2018 年 12 月 1 日）。

〈参考文献〉

荒尾正和・西村公志〔2018〕『ファミリービジネス白書（2018 年版）』白桃書房。
奥村昭博・加護野忠男編著〔2016〕『日本のファミリービジネス』中央経済社。
落合康裕〔2016〕『事業承継のジレンマ』白桃書房。
シュワス，ヨアキム（長谷川博和他訳）〔2015〕『ファミリービジネス―賢明なる成長への条件―』中央経済社。

（落合 稔・吉岡高広）

第11章

《東京計装》

創業者精神の承継と変革

━ 本章のねらい ━

　本章は，日本を代表する計測機器メーカーとして，業界の基盤と発展に貢献してきた，東京計装のファミリー企業経営者承継の事例を考察する。とくに，現社長である3代目が，カリスマ初代創業者から2代目へと承継されてきた企業家精神[1]を，いかに引き継ぎながら体現していくかに焦点をあてる。

　3代目は，2代目と異なり，企業家精神旺盛な創業者と直接比較されるという悩みからは解放されやすい。しかし一方で，創業者の薫陶を直接受けるという貴重な経験をすることが，少なくなるとも言える。経営者にとって，企業を永続させていくためには，より複雑になる時代背景や時々の要請に応えながら，一層の努力を伴って経営の様々な課題に取り組んでいくことが求められる。その時，経営者に必要とされることこそが創業者精神なのである。

　そこで，ファミリービジネスにおける後継経営者が，市場創出に関する目の付けどころや判断の視点をいかに承継し，必要に応じて変革をしながら，どのように経営の舵取りをしていくのかを中心に理解を深めたい。

■ キーワード

　経営者承継，創業者精神，市場創出の視点，経営判断，承継と変革

〈**会社概要**〉

商　　　号：東京計装株式会社

本社所在地：東京都港区芝公園 1-7-24

資　本　金：9,930 万円

代　　　表：杉亮一（代表取締役社長）

売　上　高：198 億円（2018 年 3 月期）

従 業 員 数：600 名（2018 年 4 月 1 日現在）

事 業 内 容：①各種流量計測機器[2)]の製造，販売および保守

　　　　　　　②陸上用，船舶用液面計測機器の製造，販売および保守

1954 年　日本最初の面積流量計専業メーカーとして髙野山太作氏が創業

1998 年　娘婿の杉時夫氏が 2 代目社長に就任

2018 年　杉時夫氏の長男杉亮一氏が 3 代目社長に就任現在に至る。

1. はじめに

　東京計装は，1954年に日本で最初の面積流量計メーカーとして，髙野山太作氏により東京で創業された。「はかる技術」にこだわり，中堅中小企業でありながら国内の業界をリードしてきた。その製品は，多くの分野で評価され活躍している。事業内容は，流量計測機器，陸上用・船舶用液面計測機器の製造・販売および保守である。現在は，主に流量計を製造し，国内外の半導体製造装置メーカーや石油・石化プラントメーカーなどに販売している。資本金9,930万円，売上高198億円（2018年3月期），従業者数約600名という規模と実績である（図表11-1）。生産拠点を，国内では横浜，水戸，福島，沖縄に，海外では韓国，台湾，中国，タイ，ベトナムに置き，また販売網を，国内の他アジア，北米，欧州，中東などに構築している。

　本章では，東京計装の事例を通じて，創業者によって発揮されてきた，市場を見つける目などのファミリービジネスにおける企業家精神が，その後いかにして後継者へ承継されていくのかを考察する。

図表11-1　業績推移

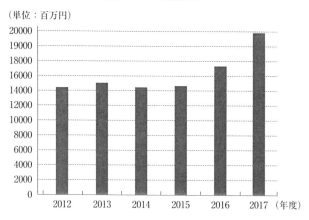

（出所）東京計装ホームページより。

2. 初代創業者精神の体現と事業展開

（1） 創業者の市場を見出す目

　東京計装は，終戦から9年目の1954年に東京で創業した。当時の日本において，戦後の廃墟状態から復興し，豊かで幸せな生活を取り戻すための条件の1つに，工業製品の品質向上があった。日本の工業品質は，世界レベルからするとまだまだ低いものであったのである。東京計装は，品質向上のためには，ものづくりのベースである「はかる技術」の精度向上が重要と考えた。そして，流量計測という「はかる技術」のベンチャー企業として，日立製作所系列のトキコ社から独立してスタートした。物量の現状や実態が正確なものであることが，すべての精度のスタートであるとするならば，はかる技術がいいかげんではそれを使用した製品の品質は高くならない。長さ，重さ，温度，圧力など数多くある「はかる技術」の中で，東京計装は主に「体積，容積」という分野の「はかる技術」で勝負をしていこうと考えたのである。大手電機メーカーも計測事業部を保有はしていたが，市場規模として大企業が1つの事業体で注力するには小さいものであった。しかし，ものづくりには不可欠と考え，幅広く世界中を市場ととらえれば，「グローバルニッチ」な市場が出現することに着目した。そこで，その先見性をもって専業として行うことに決めたのである。

　創業者の髙野山太作氏（以下髙野山氏）は，1914年5月，現在の千葉県柏市に生まれた。1936年，現在の横浜国立大学工学部機械工学科を卒業後，日立製作所に入社し，計器，配電盤関係の製造に携わった。1938年，系列会社へ転属となり，圧力計，金属温度計，流量計，液面計，速度計の設計・製作に従事し，初代計器課長に就任した。戦後まもない当時，国内の流量測定は，容積式，差圧式が主流で，現在の主力製品である面積流量計はほとんど輸入品であった。しかし，これからの時代は広範囲の流量測定に適している面積流量計の活用が見込まれると判断し，数人の仲間と独立を決めた。1954年11月18日（現

在創立記念日となっている），東京都台東区浅草橋に，面積流量計を主力商品とする計測機器メーカーである東京計装株式会社を設立した。まさに，新たな市場を発見していくという創業者としての企業家精神の体現と言える。

生産は，東京都目黒区の種市製作所の一角に旋盤2台を借用し，目黒工場としてスタートした。当初は，流量計の製造，販売だけでは売上採算がとれず，自動車の給油ポンプやアクアラングの弁部品など，本業以外の注文も取りながら企業維持を図っていた。

1957年から，流量計に加えて新たに液面計分野にも進出し，事業の拡大を目指していった。当時は流量計，液面計ともに，まだ自社工場での製作はなく，設計は行うが製作は外へ依存していた。しかし，販売の強化に力を注ぐことができ，その後の東京計装の強みである直販体制の営業構築につながっていった。「お客様への誠意と感謝」，「断行の精神」を念頭に顧客へ足を運び，一流企業，大手企業をはじめとして取引先を拡大していった。ちなみに，髙野山氏は，自身の勤務時代の経験から，家族主義的な温かい社風づくりを目指し，「礼儀を正しくする」「嘘をつかない」「感謝の心を持つ」「断行の精神に徹する」の4つの精神を重視した。それは今日の東京計装の考え方の基本となっている。

1959年3月に，横浜市鶴見区に尻手工場を取得し，従業員15名で本格的に自社製作を開始した。営業基盤も1961年1月の大阪営業所を皮切りに，徳山，北九州，名古屋，仙台と強化していった。折しも日本経済が高度経済成長し，東京オリンピックが開催される中で，創立10周年を迎えた。

（2） 創業以降の成長過程

1965年に，液面計の外注先が経営悪化し，製品の安定供給が困難になった。これを契機に，売上確保を主な目的として東京計装水戸分工場をつくり，液面計の自主生産を本格的に開始した。その後移転はあるものの，液面計の主力工場として今日に至っている。

この頃から，製品販売の量の拡大とともに，製品や生産方法の開発，改良・改善にも取り組んでいった。真空成形法を用いたガラステーパ管製作技術を確立したことにより，流量精度，納期管理，コスト競争力が飛躍的に改善され，

大きなシェア拡大に貢献した。また，同時期に金属管流量計のテーパ管プレス成形法も開発し，それまで金板を曲げて溶接していた製法から画期的な移行を果たした。

その後，1970年の大阪万博や札幌オリンピックの開催などにより国内の経済成長が続く中，有接点式デジタル発信機を使用したタンクレベル計測システムを開発した。それらは，鹿島地区の石油コンビナートに全面的に採用されることとなり，液面計シェアが拡大していった。

1972年に，海外営業部を新設し，海外進出への第一歩を踏み出した。1981年には，ドイツのクローネ（Krohne）社と業務提携を締結し，東京計装では扱っていなかった電磁流量計，超音波流量計の販売を開始した。その後これらの製品により，新たなマーケットニーズに応えることが可能となり，販売先の業種を急速に拡大することができた。従業員も250名になり，創立20周年を迎えた後の1976年に，本社を現在地に移転した。

1977年に，石油化学，LNG関連分野などで，高圧力かつ可燃性の高いガスを扱う業種へ納品してきたという実績が認められ，高圧ガス試験製造事業所としての認可を受けた。それにより，自社の製品を高圧ガス保安法適用製品として自ら認定することが可能となり，競争力をさらに増すことにつながっていった。

1982年に，国家石油備蓄基地プロジェクト第一号となったむつ小川原石油備蓄基地へ，液面計のコントロールシステムを納入したことが契機となり，その後相次ぎ設置された国家石油備蓄関連施設の多くで，東京計装の製品が採用された。また，この年から半導体関連市場への参入を本格的に開始した。創業以来の石油関連市場分野等に加えて，新たな市場分野の柱になることを見越してのことであった。同時に，厚木，大宮，静岡に営業所を開設し，半導体分野をはじめとする新分野に属する顧客の拡充や，既存事業の新規顧客獲得のためのきめ細かな営業体制づくりをしていった。1990年には，茨城，岡山，富山に営業所を開設し，直販体制の強化を推進した。

日本経済は，高度経済成長を経て，1985年以降バブル経済の時代に入ったが，1990年3月末に出された，大蔵省銀行局の総量規制が引き金となって，バブ

ル崩壊へと向かった。そのような中，東京計装も厳しい時代を迎えることとなったが，創業以来培ってきた直販体制による顧客への信頼と，継続した新製品の開発により，受注維持に努めることができた。また，アメリカのマックロメータ（McCrometers）社やフランスのオキシトロール（Auxitrol）社などと販売提携を結び，取扱製品を拡大することに努め，マーケットニーズに応えられるように販売力を強化した。その結果，創立40周年を迎えた1994年には，売上高100億円を超えるまでに成長した。さらに，この頃から，品質管理の徹底を図るため，国際規格であるISO9000の取得に全社を挙げて取組み，1998年にはISO9001の認証を取得することで，信頼される製品を安定供給する体制を整えていった。

（3） 業界と社会への貢献

　髙野山氏は，そのカリスマ性を発揮し，自社の強固な組織作りをする一方で，日本産業界の発展にも力を尽くした。自らが中心となり業界団体を設立し，計測工業会の確立と発展に努めた。1960年11月に日本流量計工業会を設立し，1963年5月からは日本計量機器工業連合会（以下計工連）の理事に就任し，1971年には計工連の常任理事に就任した。社外の活動としては，計量機器の輸出促進，国際統一基準の制定に貢献した。また，当時国内で起こっていた大気や河川の汚染が深刻化する中で，排水，排ガス流量測定機器の開発・普及に尽力した。さらに，計測機器の技術開発においても100を超える特許，実用新案を考案し，業界の発展に寄与した。

　これらの活動の功績は認められ，1976年には通商産業大臣賞を，1979年には藍綬褒章，1985年には勲五等双光旭日章を受章した。1990年には計機健康保険組合の理事長に就任し，同じ業界で働く従業員の職場環境の改善，保険制度の充実にも取り組んだ。

3. ２代目の経営承継と事業展開
―創業者精神の承継と事業拡大―

　1998 年，髙野山氏が現役のまま亡くなった後，副社長であった２代目の杉時夫氏（以下時夫氏）が，社長として髙野山氏後の経営を承継した。時夫氏は，創業者髙野山氏の娘婿である。この頃日本経済は，規制緩和や IT 革命が急速に進み，国際競争も一層激化してきていた。東京工業大学大学院を修了した工学博士である時夫氏は，東京計装が新しい時代に勝ち残るための基盤づくりに精力的に取り組んだ。とくに，新たな取引業界としての半導体業界の将来性，成長性を見込んで工場を拡張し，大規模なクリーンルームを設置した。そして，このクリーンルームこそが，その後に訪れる半導体関連製品の大幅な受注増に大きく貢献することとなった。半導体市場分野は，石油などの従来から主として取り組んできた市場に加えて，東京計装にとって第２の柱ともいえる存在となっていった。まさに，創業者が発揮した市場創出の精神の承継といえる。また，生産体制としての工場の再構築にも着手し，最新の設備を整え，生産・物流も効率化し，価格競争にも耐えうる体制を確立していった。さらに，国内だけでなく世界の勝ち組を目指して，積極的に海外展開を進めた。生産部門については，その頃の中小企業ではまだ多くなかったが 1999 年に台湾の宜蘭に，2002 年には中国の上海に海外生産拠点を設立し，コスト競争力の強化に取り組んだ。販売部門については，韓国，シンガポール，台湾への販売子会社の設立を中心に，世界 20 カ国以上に販売代理店を設け，現在も海外市場の積極的展開に取り組んでいる。

　東京計装の事業分野は，この 60 数年で流量計と液面計から，1980 年代のOEM 販売という３事業に広がった。販売先の業種も創業当初からの「国内，海外の石油・化学プラント」を中心に，「電力，ガス，船舶，食品，鉄鋼，空調，医薬，官庁その他数多くの業種」にまで幅広く展開していった。1990 年代には新たに「半導体・液晶」分野が加わり業種もさらに拡大し，販売エリアも「日本」，「アジア」，「アメリカ」，国内の生産拠点も「横浜」，「水戸」，「沖縄」と

広がっていった。各機能別戦略として，営業面では，1980年代に参入した国家石油備蓄市場，1990年代に参入した半導体関連市場，2000年代に参入した海外市場での販売が牽引した。また，円安に伴う国内への生産回帰の中で，石油・化学プラント，ビル空調，食品，医薬，船舶など，国内市場の投資案件を確実に売上に結びつけていった。製造面では，リーマンショック以降2010年代から本格的に活動を始めた工場で，「生産改善」の取り組みを行った。業務改善，多能工，レイアウト変更，1コ流し・サイクルタイム管理，機械の時間有効活用によるライン負荷の低減・平準化，自動機の導入や治具の充実など，増産へ向けた準備を意識した柔軟な生産体制が確立された。製品面では，価格競争力をつけるために，コストダウン設計や海外生産・調達の活用に取り組んだ。また，アフターサービスにより顧客ニーズへの適合をはかり，製品をタイムリーに提供していった。現在も，日本産業の発展とともに発展していくというポテンシャルをもった業界構造のもとでビジネスを展開し，多くの産業にわたって取引を拡大している。

　時夫氏は，2代目として，創業者の精神と基盤を引き継いだ。理系出身であることを活かし，ものづくりに対する感性や持ち味を駆使して，海外や半導体分野などの市場拡大，製品開発に注力した。また，高野山氏を引き継ぎ，計測業界の発展にも貢献している。工学博士として日本における計測業界のリーダーとなり，計量標準に関する調査，共同研究，出版などに取り組んだ。2001年に経済産業大臣表彰を受章，2004年に日本計量機器工業連合会副会長に就任，2013年には旭日小綬章を受章した。

4. 3代目の経営承継と事業展開
―創業者精神の承継と変革―

（1）3代目経営者マインドの背景
　3代目社長となる杉亮一氏（以下亮一氏）は，2代目時夫氏の長男で，創業者

髙野山氏の孫である。私立武蔵高校を経て，1995年慶應義塾大学大学院理工学研究科修了の工学修士である。学生時代は研究をしながらも，テニス三昧の日々だったという。大学院修了後，石油製品の精製・販売の東燃（現JXTGエネルギー株式会社）に就職した。東燃は東京計装の顧客でもあり，無意識に将来への準備をしていたことになる。東燃では，現場となる石油工場の勤務を主に，経営計画の策定，工場の収益改善，経済性をベースとした工場の生産計画策定の経験などをした。それらの仕事を通じて，製造現場の大切さ，人間関係の構築，戦略実行，マネジメントエコノミクスの感覚などを学んだ。

　当初亮一氏は，ファミリービジネスの承継者としての自覚はなかったものの，子供のころから祖父の経営する会社には，ことある毎に足を運んでおり，当時から社内でその存在は周知のところであった。亮一氏の父である時夫氏は，髙野山氏の娘婿として2代目を継いだが，亮一氏は，創業者の血を引く将来の3代目経営者候補として見られていたのである。そして周囲の期待を背負いながら，2003年東燃を退職し，家業である東京計装へ入社した。しかし，当時は経営者承継への覚悟をほとんど持っていなかったという。会社内での仕事に習熟し，社員とのコミュニケーションを取っていく中で，次第に創業者の祖父の偉業を耳にし，2代目の父の経営者としての手腕を見ながら，経営者としてもつべき企業家精神を意識するようになった。とくに，カリスマ創業経営者であった祖父が持っていた精神，目指すべき理念を意識するようになり，2018年に代表取締役社長に就任した。これまでの経験によって，戦略思考としての全体観・俯瞰力，長期的思考力などは何とか習得することができたが，経営者としての覚悟はその時に初めてできたと亮一氏は語っている。

（2）　創業者精神承継の要請要因

　東京計装は，2014年に創立60周年を迎えた。今後の姿勢として「飛躍の半世紀」というスローガンを掲げて，流量計，液面計業界におけるトップブランドとしての地位の継続とさらなる発展に取り組んでいる。流量計の国内市場占有率は25%で，なかでも主力商品である面積流量計は70%を超えている。製品納入先は，電力，鉄鋼，船舶，石油，化学といった戦後の復興と高度成長を

支えた業種から，半導体，医薬，食品，空調，環境といった近年急速に発達した業種まで多岐にわたり，その数は 5,000 社を超える。このように，世界中の「はかる」を必要とする様々な産業分野から高い支持を得ている。

現在，ドイツ発の Industrie4.0 をはじめとして，アメリカや日本他各国で第四次産業革命へ向けての動きが進んでいる。日本では，「超スマート社会」[3]が提唱されており，その実現には，産業構造や社会の変革が必要となる。基盤技術として，IoT（Internet of Things）・ビッグデータ解析・AI が強調されているが，はかる技術も基盤技術の 1 つとして必須となってくる。今後，正確にはかるということがますます重要となり，はかることに携わる技術者への期待がさらに大きくなると予測されている。

また，計量器製造業界では，経済のグローバル化に伴い，厳しい価格競争が進展している。各企業は，生産拠点を海外へ移すなどしてコストの削減に取り組んでいる。消費者ニーズの多様化が進み，多品種・少量生産品への対応も迫られている。さらに，グローバル経済のもとで，計量器の技術基準の国際化への対応やユーザーの計量器に対するニーズの多様化も進んでいる。これらのニーズへ対応していくには，各社とも合理化を図ることが必要となる。

計量計測機器業界では，環境変化に対応するために，イノベーションへの挑戦，グローバル市場への展開，人材の育成など，様々な取り組みが行われている。今後も各企業は，産業の基盤を支えていくために，技術革新を取り入れながら積極的に変化に対応していく必要がある。

（3）　供給責任と創業者精神の承継

時夫氏が海外展開を進める中，時夫氏の長男である亮一氏（当時 3 代目予定）が主に国内事業を担当した。一層の事業発展を目指すための棲み分けができていったところで，2011 年 3 月の東日本大震災が起こった。ここで東京計装は，業界のリーダーとしての重要な課題に改めて直面することとなった。

2011 年 3 月 11 日に発生した東日本大震災は，企業経営にさまざまな克服すべき課題を突きつけた。その中で最も重要と思われるものに「供給責任」があった。企業家精神を，経営者の責任として勇気をもって判断するという意味で使

うならば，それは積極的に市場の萌芽を見出す精神という意味だけを指すとは
いえない。その時々の情勢を読み取り，いち早く変化の状況を察知し，積極的
に対応していく姿勢や行動も企業家精神発揮の一形態ということもできる。最
近では，企業のリスク分散の一環として，工場移転の動きが各所で見られるよ
うになっているが，震災直後の3月時点で，いち早く工場の分散化に踏み出し
た企業もある。東京計装もその1社であり，経営者としての意思決定と自ら一
連の指揮を執ったのが当時専務の亮一氏だった。

東京計装は，3月20日に横浜工場の一部を沖縄に移転することを決定し，7
月1日には操業を開始した。異例の早業である。そこには，経営陣の先見性に
よる意思決定の速さと，沖縄県の企業誘致施策と県職員の積極的な対応・努力
があった。まさに産官連携の典型的な好事例として様々なところで取り上げら
れている。

東京計装は，福島第一原子力発電所事故に伴う首都圏の電力不足に対応し，
供給責任を果たすため，沖縄県うるま市の特別自由貿易地域内に生産拠点を分
散した。その最大の理由は，震災後の電力不足問題である。東京計装の国内生
産拠点は東日本に集中していた。このため「東日本大震災直後の計画停電やラ
イフラインが止まったことなどで生産活動は大打撃を受けました。そこで，国
内でのものづくりにこだわり，電力問題がない沖縄への進出を決めたのです。
この決断は，とりわけ海外の取引先からも高く評価されています」と亮一氏は
語る。近年,半導体製造装置メーカーは東アジアに生産拠点を移す傾向がある。
販売先に近い沖縄の地理的優位性と全日本空輸（ANA）の国際航空貨物事業
による運送上のメリットも進出の決め手になったという。亮一氏は，「沖縄か
ら世界に向けて品質の高い製品を輸出し，沖縄経済の発展に少しでも寄与した
い」と話す。

一方沖縄県は,企業集積を図り雇用を創出しようと様々な施策を講じてきた。
その施策の1つが「特別自由貿易地域」[4]である。その沖縄県の施策と同社の
経営戦略が合致し，工場進出が見事に実現した。その年の7月に東京と大阪で
行われた沖縄県主催，内閣府共催の企業誘致セミナーには，震災後，沖縄への
工場進出を果たした先行事例として同社が紹介され，亮一氏はパネリストとし

て参加した。

　沖縄は，特別自由貿易地域などの各種優遇制度をはじめ，アジアに近接するという特性があること，本州と同時被災の可能性が低いこと，電力供給不足に陥る可能性が低いことなど，数多くのメリットがある。こうした点にいち早く着目した東京計装は，創業以来，その先見性で今日の地位を築いてきた。今回，震災後の環境変化を迅速，適確に予測し，沖縄への工場進出を電光石火で決めた経営力はその賜物であり，企業家精神発揮の1つの形である。一見するとリスクに見える現象に対しても積極的に対応し，チャンスとしてとらえていくその姿勢は，まさに創業者精神の承継といえる。

（4）　カリスマワンマン経営からチーム経営へ

　東京計装は，2015年度140億円台，2016年度170億円台，2017年度190億円台と年率20％近い成長をしてきた。その背景には自動機の導入，多能工，複数台持ち，標準作業の確立，積極的な応援意識，自動手配，製造・技術間のコミュニケーションの強化など，これまで継続して行ってきた改善活動があげられる。また，組立，溶接，加工，検査といった製造工程でリソースを共有し，負荷を分散させる事で「タテ割り文化の解消」が進んだことも成長要因としてあげることができる。亮一氏は，2019年の仕事始めに際して，組織を維持する上での考え方を次のように全社に共有した。

　　『ビジネスチャンスは一瞬です。市場のニーズや顧客の信頼にどこよりも先んじて実績を作れば，先行者利益を得る事ができ，他社が参入してくる上での障壁を築く事ができます。とりわけ半導体業界は「変更管理」という独特の商慣習があるため「参入障壁」を築きやすく，逆にその一瞬を逃すと一気に市場を失います。足下の好調に安穏としていてはいけません。

　　「時間軸の意識」は，「バックヤードの業務」を行っている間接部門の方々にこそ必要です。会社の組織，部門は人間の身体と同じで，どこか1カ所でも本調子でないと100％の力が発揮できません。総務，経理，工務，業務といった管理部門，開発製品の製品評価，販促用のバックデータの準備，クレーム製品の検証，外回り営業のアシスタント業務，見積もり書・指令書作成，

SFA へのデータ入力，部材の調達・手配・配膳，治具類の作成，梱包，出荷，船積み，通関，基幹システムの充実・セキュリティの強化などバックヤードの業務は決してハデではありませんが，常に 100% の業務品質を求められており，それらが機能しなければ健全な企業運営はできません。コストダウンや納期短縮は生産ラインだけの課題ではなく，バックヤードの業務を効率化して手配を早める，あるいは製品のロジスティクスを最適化する取り組みでも効果があります。』

時代の変化，売上げや組織規模の拡大に伴い，経営者に求められる資質も変化せざるを得ない。カリスマ創業者時代で通用したものがそのまま 2 代目，3 代目に通用するわけではない。特に，組織が大きくなっていくほど，組織の価値観の共有化，人材育成・活用の視点がより求められるのである。

5. 今後の経営課題と対応

（1） さらなる成長と経営者活動の展開

東京計装は，これまでの好業績を牽引した要因が大きく 3 つあると考えている。1 つ目は「Super Cycle: スーパーサイクル」と言われた半導体業界の好景気である。2 つ目は「Legacy: レガシー」である。約 30 年以上前に起こったオイルショックの対策として行われた，国家石油備蓄基地の液面計の全面リプレイスのことである。3 つ目は「Overseas: オーバーシーズ」で，海外市場での製品販売数量の増加である。これらの要因に加え，これまで東京計装の強みとしてこだわってきた，顧客への直接販売によるところも大きい。直接販売によってきめ細かくニーズが把握され，地道にシェアを獲得してきた。それを基盤とし，マーケットが再興，拡大した事によって，また一気に製品の販売数量が増えるという好循環をもたらしているのである。いずれも外部環境の変化という要因によるものであるが，すべての企業，経営者がその要因を機会としてとら

え，発展へと結び付けているわけではない。むしろ，それは少数派といえる。東京計装は，3代にわたり時代の流れを読み，外部環境や市場の変化をとらえ，その企業家精神を発揮してきたといえる。

　東京計装は，創業から一貫して，各顧客へ自社営業部員が担当を決め直販訪問するという販売形態をとっている。そして，顧客ニーズへの対応力の向上，製品群の拡充，アプリケーションノウハウの蓄積，アフターサービス・メンテナンス態勢の強化を地道に努めてきた。近年では亮一社長が，「はかる技術で地球の未来に貢献」を経営理念として掲げている。最新技術の効果的な製品開発への取り込み，継続的な改善活動による生産効率・業務品質の向上，海外の製造拠点・販売拠点の増強による海外市場でのシェア拡大，納期短縮へ向けたフレキシブルな対応とコスト競争力の強化，などを更に進めている。

　流量計・液面計は，各種プラントを安全かつ効率的に運転・管理する上で欠かすことのできない工業計器の1つである。方式によって多くの種類があり，様々な分野で使用されている。近年，プロセスのコントロール，貯蔵タンクの監視，在庫管理などの自動化・省力化をめざして，計測機器の役割はさらに重要かつ多様化してきている。

　東京計装は，これまで半導体市場はじめ国内外の石油・石化プラント，船舶，エネルギー，電力，水処理，空調など，創業以来「サポーティング・インダストリー企業」として産業の下支えをしてきた。そして，その実績をもとに，多岐に渡る産業，顧客に信頼され，シェアを高めてきた。亮一氏は，顧客に与える信頼は「100の広告宣伝ではなく，1つの納入実績」であるという。実際に新たな市場拡大の芽として，環境規制に伴う船舶関係の Fuel Gas ラインへの流量計設置，中国 LPG 船へのタンクゲージビジネス，輸送能力拡大へ向けて増設されている空港へのジェット燃料タンクの液面計ビジネス，半導体関連で培ったクリーンな技術を活用した製品群の飲料・製薬業界への展開，KROHNE 社との新たな関係構築に伴う販売製品群の拡大など，多くの可能性を秘めた案件に積極的に取り組んでいる。

　また，今後は3つの大きなリスクがあると認識しており，克服していく必要がある。1つ目は，「製造リスク」である。原材料不足や部品入手性の悪化に

起因するものである。2つ目は,「市況リスク」である。長期的に半導体需要の増加傾向はあるものの,エンドユーザーによって装置導入のタイミングがズレてきており,一時的な投資の後退を感じさせている。3つ目は,「政治リスク」である。アメリカによる経済制裁や保護貿易政策の促進,米中間の貿易摩擦,輸入関税の引き上げ等による日本製品の競争力低下が危惧される。

亮一社長は,会社員であった前職で,毎日図面とにらめっこをして,プロセス設計面での安全性を検証し,現場で確認する作業を繰り返すという経験から重要なことを学んだという。それは,現場感覚の重要性,絶対安全の大切さ,それを失った時の会社が受ける社会的なダメージについてである。また,「順風の年」だからこそ,長年懸案となってきた難題に取り組む事ができ,好調で一定の利益が見込める時だからこそ,将来へ向けた投資,布石が可能だと考える。

(2) 創業者精神の承継と変革

亮一氏は,60数年前に新たな市場を創出するという,創業者が持っていた企業家精神を承継している。さらに,その企業家精神は形を変えて発揮されている。亮一氏は,一層世の中に必要とされる企業を目指して,さらなる成長に貢献するために,供給責任などの時代が要請している様々な課題にも積極的に取り組んでいる。

2017年11月14日に行われた,64年目の創立記念日に際して,当時副社長だった亮一氏は,全社員向けに以下の通り挨拶をした。

『これまで,常に順風満帆ではなかったと思いますが,その時々での経営判断とその思いに応えていただいたOB,そしてここにいる皆さん方が,断行の精神に徹して様々な困難を乗り越え,今では国内のグループ会社も含めて650名,海外も含めたグループ全体では900名を超えるまでに成長しています。東京計装が100億円の売上を達成したのが1991年,創業から37年目の事です。今年はその1991年から26年目。37年より短い期間で次の100億円,年間売上200億円を達成したいですね。「サポーティング・インダストリー」,計測器を通じて産業の成長を支える事で,世界中の人々の生活を

216 第Ⅱ部 事 例 編

豊かで幸せにする社会貢献企業の一員である事を誇りに，64年目を過ごすことにしましょう。』

そして，2019年の仕事始めに際しての亮一社長の挨拶は次の通りであった。

『時代の流れに乗りながらトップを牽引し，勝ち組を続ける事は容易ではありません。時代に取り残されつつある文化・手法・製品と決別して，新たな生産システムの確立，新たな市場へ向けて会社のリソースを投入するなど，さらなる成功へ向けた厳しい決断も必要になります。平成という時代も終わるのだからという枕詞とともに，柔軟で新しい考え方，手法，システムを積極的に取り入れる事で，過去の延長線からの脱却を目指しましょう。創業以来，「サポーティング・インダストリー企業」として多岐に渡る業界，顧客に信頼され，シェアを高めてきた"プライド"を強く感じながら，2019年を素晴らしい年にしていきましょう。』

【Review & Discussion】

① 創業者精神や企業家精神と呼ばれるものとは，どのようなことか考察してみよう。

② ファミリービジネスにおける創業者精神を引き継ぐことの必要性とその効果について，考察してみよう。

③ 経営者の役割としての市場を創出する視点について，その経営判断の際のポイントを考察してみよう。

〈注〉

1) 企業経営者が，事業や企業を創出，維持，発展していくために求められる，考え方，心持，視点，行動力などに関し，特に新基軸を伴うような創造力，発想力等を総称したもの。

2) 流量計とは，液体または気体の質量，体積の流量を測定するための機器。面積式，容積式，差圧式などの種類があり，それぞれ長所短所がある。

3) サイバー空間と現実世界が高度に融合した社会。

4) 2018年度現在は「国際物流拠点産業集積地域」という名称に変更。

〈参考文献〉

佐々木聡編〔2001〕『日本の戦後企業家史』有斐閣。

日本計量機器工業連合会〔2016〕「はかる」No.120 第32巻第3号。

日本計量機器工業連合会〔2016〕「はかる」No.121 第 32 巻第 4 号。
東京計装 50 年の歩み DVD
東京計装社長講話各記録
杉亮一社長インタビュー
　　第 1 回：2018 年 8 月 24 日 15 時〜 17 時
　　第 2 回：2018 年 10 月 4 日 15 時〜 17 時
　　第 3 回：2019 年 1 月 11 日 13 時〜 16 時

（安達幸裕）

218　第Ⅱ部　事　例　編

第12章　　　　　　　　《三井越後屋呉服店》

ファミリーオフィスとファミリー企業の倫理

═ 本章のねらい ═

　ファミリービジネスは一般企業と比べた場合，利益率が高く継続性にも優れていることは，いまでは学界の常識となりつつある[1]。また高い倫理性を備え，地域の発展にも寄与する長寿企業が多い。本章では江戸時代から20世紀前半まで隆盛を誇った三井のファミリーオフィスである三井大元方の家訓である宗竺遺書とその歴史をたどることで，ファミリーオフィスが企業倫理やのれんの保持に寄与したことを明らかにする。

　江戸時代は鎖国により他国と隔絶した文明が育まれた。その多くの起源が中国にあることは否定できないが，鎖国のなかで特異な発展と安定，閉鎖的な秩序が形成され，保持されたのである。その意味ではこの著書の意図である現在のファミリービジネスが抱える問題を，直接解決するケースではないかもしれない。しかし，本章では①現在と異なる江戸文明化でも問題となったファミリービジネスの普遍的な問題の析出と，②現在のファミリービジネスのファミリー倫理を考え，問い直すケースである[2]。

キーワード

　ファミリーオフィス，家憲と企業倫理，ファミリーブック

〈会社概要〉

商　　　号：三井越後屋呉服店
総　資　本：銀1万3133貫（金218万9千両）1722年
代　　　表：三井高平
総利益（総売徳高）：銀1625貫（1719年（享保4年））
従 業 員 数：350人（1713年（正徳3年））
事 業 内 容：呉服の仕入れ販売，両替店，公金為替の扱い
（沿革）
1673年　（永宝元年）三井高利，京都室町通蛸薬師に呉服店，江戸に越後屋三井呉服店を開業
1683年　両替店開設
1691年　幕府より大坂御金蔵銀御為替御用に任命され公金為替を扱う。
1692年　家政と家業の統括機関（ファミリーオフィス）である三井大元方設置
1722年　二代目三井高平家憲である宗竺遺書を残す。
1900年　（明治33年）宗竺遺書は三井家家憲として改訂される。

1683年天保3年越後屋の引き札
（日本最初のチラシ広告といわれている）

名所江戸百景駿河町　歌川広重
（暖簾に丸に井桁三の標章が読める。手前が現在の中央通り，右手は三井本館，左手は三越本店にあたる。）

1. 三井高利のビジネスモデル

(1) 三井家の起源[3]

三井家で三井の姓を初めて名乗ったのは，藤原道長の6男長家から5代目の藤原右馬之助信生が1100年頃，近江に移り住んだときであったという。三井右馬之助信生は地方官吏として赴任したが，土着し武士となった。さらに18代目の三井越後守高安は織田信長の天下統一の過程で，近江を追われ伊勢，津をへて松坂に安住した。高安の子三井則兵衛高俊は武士を捨てて商人となり，松坂で質屋，酒味噌の商売を始めた。高安の官位が越後守だったことが越後屋の起源となる。高俊は武士の子供で商売には疎かったといわれるが，その妻の殊法は伊勢の大商家の娘で商才に富み，信仰心があり倹約家であったという。高安と殊法の間には4男4女があり，1622年に生まれた末っ子が三井高利である。この母の血を受け継いだ息子たちには商魂があり，長男俊次は江戸（日本橋）本町で小間物屋を開店し後に呉服業も手掛けた。三男重俊そして4男高利も1635年に江戸に下り店を繁盛させた。これが三井の第一世代と呼べる。

富嶽三十六景　葛飾北斎
（江都駿河町三井見世略図。現在の中央区日本橋二丁目にあたる。看板には標章とともに「現金無掛直」も読み取れる）。

1649年母殊法の世話をするために戻っていた重俊が亡くなったので，代わりに高利が帰郷する。郷里で高利は妻を迎え，10男5女に恵まれた。そのうち男子二人，女子二人は早世，5男は他家へ養子に行く。商売も繁盛し，商業に加えて金融業も営むようになる。高利は子供が15歳になると男子は江戸の商家に送り，商売を習わせた。また，知人で有望な若者がいると手代見習いとして江戸に送り込んだという。1673年長兄俊次が病没すると，母の許可を得て，江戸に店を構えた。高利は子供たちに指示し，江戸本町1丁目に越後屋三井八郎右衛門の暖簾を掲げ，三井越後屋呉服店を開業した。次いで京都に呉服の仕入れ店を開業し，いずれも子供たちに任せ，自分は松坂で指示を行った。

(2) 三井越後屋のビジネスモデル

ここで越後屋のビジネスモデルについて確認しておきたい。江戸本町（日本橋）は当時，江戸随一の呉服街でその中で頭角をあらわすには，新機軸の商法を用いる必要があった。それは「店先（たなさき）売り」と「現銀掛値なし」という販売方法であった。当時の呉服店では，得意先に商品を持参して，付けで売る方法が一般的であった。支払いは盆と暮れの二節季払いが江戸時代の商家の通例であった。それに合わせて三井の各店の決算も年に二回盆6月15日と暮12月大晦日に行われていた。盆と暮の決算にかかわる営業日数（決算期間）が異なっていた。なお，上方は銀が流通し，現銀決済の割合が多かった。それに対して江戸は金の決済で武士が多かったことから，武家では商人が御用聞きに来て，付け，信用での取引がほとんどであった。そのため越後屋のとった，正札で現金で売る方法は，上方の方法を取り入れた可能性もある。幕藩体制の元では大名の跡継ぎは江戸育ちを義務付けられていたので，呉服も高級品は従来の，得意先に商品を持参し，付けで販売する方法であった。三井の扱った呉服は中級品が主であり，庶民の圧倒的支持を受けた。この販売方法は貸倒や金利負担のない優れた方法であった。その他当時のご呉服業者では行われていなかった一反以下の切り売りを行ったり，数時間で仕立てて渡すという，仕立て売りも評判を呼び大繁盛したのである。ただ，当時の常識を覆すこの画期的な商法は，当初は他の呉服店の猛烈な反発を受け，度重なる営業妨害があった。

222 第Ⅱ部 事 例 編

　高利が江戸に進出して 10 年後である 1683 年に両替店を併設する。さらに仕入れ店であった京都にも両替店を開設し，江戸と上方との間の為替業務を行った。1691 年には幕府から大坂御金蔵銀御為替御用に任命され，大阪にも両替店を設置した。この公金為替は幕府の大坂御用金蔵から公金（公銀）を受け取り 60 日から 120 日の間に江戸に金貨で納めればよかった。ただしこの間の金利は特につかないが，その資金を運用し利を得ることは自由であった。当時西日本の幕府の御用米は大坂で販売され現銀化されたが，幕府の資金の多くは江戸で必要であった。そこで大坂で受け取った銀貨を金貨に交換して江戸で幕府に渡すという業務が考えられたのである。当時の現金輸送は危険でコストのかかるものであったので，幕府としても江戸で金貨で受け取れることは願ってもないことであった。そこで高利は幕府から預かった銀貨をもとに京都で呉服を仕入れ，呉服を江戸に輸送して販売し，江戸は金貨流通圏であったので，その販売収入の金貨を幕府に納めるというビジネスを考え出したのであった。幕府の御用金を無利子で仕入れ資金として用いることのできる，この方法は幕府が倒れるまで継続され，莫大な富を生んだ。

　ここで当時の三井のビジネスの規模を確認しておきたい。三井文庫に残された史料によると，1713 年（正徳 3 年）12 月には京都本店は 104 人（手代 44 人，子供 51 人，下男 9 人），江戸本店 185 人（手代 106 人，子供 44 人，下男 35 人），大坂本店 61 人（手代 34 人，子供 22 人，下男 5 人）合計 350 人である（三井文庫史料本 2027，本 2023，本 1288 による）。子供から手代までの役職は以下のように細かく分かれていた。子供，平役，上座，連役，役頭，支配，通勤支配，後見，名代，勘定名代，元方掛名代，加判名代，元締，大元締。この役職のうち支配以上が管理職といえる（三井・山口〔1969〕250 頁）。

　江戸時代の中期から後期にかけての日本の人口は，ほぼ 3 千万人程度と言われている（鬼頭〔2000〕）。江戸の人口は町方の統計は存在するが，武家の人口の推定方法によって様々な見方が存在している。鬼頭宏は町方人口の 2 倍と見積もっており，享保 6 年（1721 年）に町方人口だけで 50 万 1394 人であったので，その時点で総人口が 100 万人を超えていると推定している。江戸時代は総人口で現代の 4 分の 1 程度，江戸の人口は 10 分の 1 程度であった。その中

で当時の豪商，三井の店員数が 350 人であったのは，現在の企業規模からみると非常に小さく感じられる。幕藩体制の下では公的官僚組織の位置が圧倒的に大きい。現在では従業員数が 10 万人を超える企業は日本でも数多くあるが，そのような組織が維持できるのは，情報通信交通システムが発展したからに他ならない。国家行政組織いわゆる幕藩体制組織のみは，極端に大きく強固であった。他に宗教組織も大きかったと想像されるが，商業組織の規模には限界があった。

2. 高利の宗寿居士古遺言 1694 年と 2 代目高平の 1722 年の宗竺遺書

(1) 三井高利の遺書：宗寿居士古遺言

　画期的なビジネスモデルを創造した高利は 1694 年 73 歳で亡くなるが，亡くなる 3 年前 1691 年に三井家の中の序列として，長男を惣領家とする本家筋の直系と養子筋の連家を定めた。高利の死後，長男の高平は 1710 年に三井事業の統括機関である大元方を設置した。高利の子供たちが各店舗の経営に当たっていたが，三井ではこれらの店舗組織が有機的に結びついている関係で，家産は子供たちの共有物で，分割した相続は不可能であったことが背景にある。三井広報委員会などではこの三井大元方のことをホールディングカンパニーと呼んでいるが，私はファミリーオフィスと考えたほうが良いと考えている。

　高利が 1694 年（元禄 7 年）に残した宗寿居士古遺言では，遺産総額は 7 万 2 千両程度であり，妻の寿讃と他家に嫁いだ娘二人への遺贈分 2 千両を除いた 7 万両を 70 に分割し，長男高平は 29，次男高富 13，三男高治 9，四男高清（高伴）7.5，六男利昌（高好）を 4.5，長女夫妻 2，9 男高久 1.5，10 男孝光（高春）1.2，養子先から出戻った五男安長に 1.5，その娘みち（夫高古）夫婦に 0.8 が割り当てられた（三井・山口〔1969〕）。兄弟生存のうちは身上一致，全事業を

224　第Ⅱ部　事例編

分割してはならないことも規定されていた。遺書の内容は遺産の配分に限定され、割当はほぼ年齢順に格差がつけられている。これらは遺産の権利の分配であり、生活費（賄料）の配分額ではなかった。その前年元禄6年11月に一年の賄料が以下のように定められている。宗寿（高利）15貫、妻寿讃6貫、長男高平15貫、次男高富9貫、三男高治7貫200目、四男高伴7貫200目、六男高好4貫200目、長女婿孝賢3貫、五男の長女の婿高古2貫500目、五男安長1貫200目（1貫は100両、三井・山口〔1969〕225頁）賄料の支給は生活給として考えられたものであり、財産の分配とは異なった基準であったことがわかる。この時点では兄弟が生きている間は共有財産制が限定されていたと、解釈することもできる。後年、長男高平の残した宗竺遺書をもって三井では完全な共有財産制となるのである。

　高利死去の翌年に店員に対する諸規定集である家内式法帳が規定され、使用人による経営体制が整い、これ以降支配人の筆頭者が各店の名代役として主人に代わって業務を執行した。江戸常勤の四男高伴は1708年6月ごろには、京都竹屋町大文字町に移住し、直接各店の経営業務に当たらなかったことがわかる（三井文庫〔1980〕95巻683頁）。高利の息子達による集団指体制が確立されたのである。なお、当時の一般物価や小判の価値は個別の物価により換算が難しいが、金一両（銀0.06貫）は6万円から30万円のようである[4]。

(2) 宗竺遺書

　三井高利の長子で、惣領家を引き継いだ高平（1653-1738）は1722年（享保7年）11月11日付で家法である宗竺遺書を作成した。宗竺遺書の内容は51か条からなり、惣領家の地位・権限、同族の範囲、養子の扱い、一族の一致団結、収入の分配方法、大名貸の注意、結婚・負債・債務保証の際の同族の承認、商人としての心得まで触れている。末尾に「子孫に至る迄此遺書之趣親分の物申し聞せ段々判形致させ置可申事」とあるように、後世に引き継がれる家法として作られたことがわかる。このような家訓を残すことは当時の日本の商家では通常のことであった。以下、宗竺遺書51項目の各項目について解説を加える。各項は漢数字「一」から始まるが、解説しやすいように項目番号をふる。

① 前文・大元方の合議制と同苗（三井一族）の規定

前文 1 から 6 までは 51 カ条の家法の前文に当たるところで，祖父のビジネスを先代宗寿が確立したビジネスの続けるための家法を子孫まで守るべきこと，同苗；同族の一致団結が重要であり，年齢など上下があっても「共益心」が重要なことが説かれる。同苗；同族については以下で定義される。第 3 項目に「博奕諸勝負等堅仕間敷事」と博奕を禁止し，第 6 項目で奢侈が戒められる。

第 7 項目以降で具体的な規定が始まるが，まず元方の筆頭を親分と呼び，親分は一家惣親分すなわち一族の長であることを規定する。ここで正月に鏡餅を惣領家に送る儀式が規定される。第二次世界大戦で米の統制が行われるまで，暮の 28 日に惣領家歴代の画の前に鏡餅が家格順に並べられたそうである。

第 8 項目，親分の指図に従わず，家業を疎略に扱うものは，同苗すなわち三井一族で相談の上，隠居あるいは一族の出身地である伊勢へ蟄居させられる。ここで「同苗評議之上」というのが重要である。合議制を取っているのである。夫を亡くし後家となった一族に関しても，「我意」をたてる者は，同様に一族評議の上，隠居，伊勢へ蟄居させる。第 10 項目で子供のないものは一族から養子をとる，女子でも構わず相続し名跡をつぐ規定がある。

② 財産の分配方法

ここで「覚」として一族，本家 6 軒，連家 3 軒の規定が行われる。本家は三井高利とその妻かねを親とする男子の相続家系，連家は女子で養子をとった家系である。先にみた高利の残した宗寿居士古遺言で挙げられた相続人と対応する。第 11 項目で財産を 220 にみたて，そのうち 210 の 9 家への配分割合を規定する。10 を余慶として，残してあることに注意されたい。この余慶はあとで規定するように共通するファミリー支出への備えである。

当時（1722 年）の三井家の総資産は銀 1 万 3133 貫であったことが知られている（三井・山口〔1969〕253 頁）。銀 0.06 貫（銀 60 匁）が金 1 両であるので，約 218 万 9 千両に相当する。220 に見立てた根拠は，当時の三井家の財産額にあった。この配分では本家とくに長子の配分が大きいが，先にみた先代の宗寿居士古遺言の配分よりは，平準化している。本家の長子以外の家系の配分も差

226 第Ⅱ部 事 例 編

が少なくなっている。宗寿居士古遺言から28年たち、兄弟の各人の役割が均等化し、かつ合議制を保っていくには、本家の中で大きな格差があることは問題であったのであろう。「合九軒身上一致之家法也」という文言は重要である。ここで家産共有制が宣言されるのである。

　本家、連家とも各家は長子相続が原則なので、次男から末っ子には元手を渡して外に出し自活させる必要がある。すなわち同苗から外すのである。三井の同苗から外れたくなかったら、同苗に養子にいくか、嫁に行くしかない。但し、同苗内の婚姻はあとで規定されるように、支度金は半額となる。外に出るものを悔しがらせないためであろう。本来ならば同苗同士での婚礼ならば、お金は同苗内で回るので損得は少ないはずであるが、減額しているのはそのような配慮があるのではないか。

　現在のファミリーオフィスの仕事は家業のビジネスに関することが半分、ファミリーの問題の解決が半分を言われている。三井家ではファミリー問題を、家法の原則に則って評議の上決める、というルールを規定していたのである。

③　生活費の分配ルール：病気手当、隠居料、扶養手当、普請費

　第13項以降で生活費（賄料）についてのルールが示される。高利の宗寿居士遺書のときには賄料の分配割合が、財産の相続割合と一致しなかったのと異なり、220に分けた財産の各家の割合に、銀1貫500目を掛けた値で各家の賄料の配分高を決めている。

　壱カ年　賄料定高　但割法1つニ付銀1貫500目宛

　銀93貫目　八郎右衛門　銀45貫目元之助　銀40貫目500目　三郎助　銀37貫目500目治郎右衛門　銀33貫目750目八郎次郎　銀33貫目750目宗八

　銀12貫目則右衛門　外ニ200貫目役料　銀9貫目吉郎右衛門外ニ200貫目役料　銀10貫500目八助外ニ200貫目役料

　第17項目　病気で仕事ができないと申し出があった時は、小普請金（江戸期に広く行われた慣習で欠席時徴収金のこと）として2割徴収する、すなわち2割減の8割の生活費となる。さらに隠居料（年金）が決められ、夫が亡くなった時は残された妻はその4割を得ることができる。第18項目で60歳前後で相

談の上，息子と住んでいても隠居し，これまで通り勤務するよう述べられている。隠居を勧めながら働けとは，矛盾するようであるが，含蓄が深い。隠居し，息子に仕事は任すが，本人の健康のため，あるいは監督を兼ねて出社しろということであろう。

第18項目　各家に子供が生まれたときは，一人につき賄料に加えて毎年銀1貫500目の扶養手当が支給される。第19項目　家屋の普請のときは，元方が確認し，見積書により資金を元方が出す。ただし，その後の増額は認めない，また銀2貫目以下の小普請の資金は自分で出すこと。

大病にて格別人参等用ひ候ハハ聞届ケ相渡し可申事　但二貫目以下之人参は自分賄可為事

第20項目　大病で朝鮮ニンジンが必要な時は元方が支出するが，2貫目以下のときは自分で支出すること。第23項目で同苗が亡くなり，借金が残されたときは元方が貸し，相続人が15年賦にし，賄料から差し引く。

ファミリーの人生イベント，出生，結婚，病気，普請，引退，配偶者との別れ，残した借金についてなど細かく規定されている。次に次男以下のファミリーの規定が続く。ファミリーの結束を維持するためには，皆が納得できるように，次男以下の同苗から出ていくファミリーにも細かく配慮されているのである。

④　次男以下の独立と暖簾分け

第24項目から26項目は，次男から末子（つまり長男以外）が独立するときの規定である。元手はそれぞれの親の「分別」で与えるが，親分と同苗と相談しなさい。本人の「器量」により元手額は異なる。「一器量之者　凡銀三千枚位　一大体之者　凡銀七八拾貫目　一中位之者　凡銀三四重貫目位」とある。

子供の頃から店で働かせ，別家を立てるとき家名は越後屋を名乗ってもよいが，名字は三井を用いてはならないことも規定されている。次男以下も越後屋としての出店を許すが，三井越後屋という店名は使えない。現代の感覚では商標の規定とも読めるが，三井家本体の大元方，同苗の規定と考えられる。この独立費用は「割方余慶十ヲ銀子之内を以」って，すなわち220に見立てた財産のうち210を同苗に分配し，その残りの10を用いて，支出されることになっ

ていた。

　独立については，江戸時代には別家（べっか）制度という方法が一般的であった。いわゆる暖簾分けで，現代的には子会社，関連会社に近い。封建倫理的には武士の主従関係を模倣していて，長年勤め功績のあった手代等が別家を立てることが，当時広く認められていた。（別家制度については安岡〔1998〕154頁を参照されたい。同書で三井家の大坂別家の相続が調べられており，別家18家を17世紀から1900年まで調査している。51の相続が行われたが，実子相続が12件で養子相続が39件である。男子があっても相続に不適当と考えられた場合は養子をとったのである。）

　第27項目は同苗内の女子の婚礼に関する規定である。同苗の財産割に応じた婚礼拵料が決められているが，同苗内に嫁ぐときは半額と，他所から嫁を迎えるときは三分の一となる。

　第28項目「縦惣領たりとも不行跡にて一家之かいにも可成ほとの者，一子とても勘当致し可申候」「惣領にかきらず其身愚鈍に生得一渡世も難成もの，出家を為致可申候」たとえ惣領や一人っ子であっても，身持ちが良くないものは勘当し，養子をとりなさい。愚鈍なものも家から出しなさい。子供が多い家は他家に養子に出すが，そのときも商いの心がけがなければ役に立たない。子供のころから手代と同じように勤務し，暮らし，艱難を経験しなくてはいけないと記されている。

　たとえ当主でも三井家に有害な場合は討議の上，義絶された。高利から数えて三井家5代目当主。三井高美（たかよし）（1715-82年）は1741年に当主親分となるが，美術品などの蒐集や三井家の菩提寺西教寺への多額の寄進などによって大元方から多額の借財を抱え，1747年に健在であった先代当主の命で降格となる。1750年出家するも浪費は収まらず，1756年8月には銀1200貫目を手切金として一族からの離脱を表明する。だが，秘かに大元方からの借財を重ねていたことが発覚，同年閏11月13日後を継いだ高清（次男）よりの申し入れで一族からの義絶・追放が決定され，同月27日には一族・手代83名の同意を得て義絶を決定する申渡印形帳が出された（賀川〔2012〕）。

　長い年月ファミリーを維持していくにはファミリーの範囲を限定し，その

ファミリーから出て行く者の処遇も配慮し，皆が納得できるような規定をおいて，結束を維持する必要があるのである。日本には世界一多くの長寿企業が存在するのは，ファミリーの安定があったことが大きい。鎖国の中で安定した家族制度を持つことができたからこそ，200年以上の長寿企業は存在できたのである。そのなかでも個人組織でない複数の店舗を持つ三井のような商家が存在できたのは，家法でファミリーのさらなる安定を図っていたからである。第29項目からは経営に関する規定である。

⑤ 利益の分配

　第29項目　毎期の各店の利益は一定額大元方に上納されたが，残額は「優銀」として積み立てられ，3年ごとに再分配される仕組みになっていた。「優銀」とは「たくはへぎん」と読み余剰金のこと。第30項目で店の「穴蔵銀」すなわち金銀保有高について規定する。穴蔵銀とは火災の多い江戸時代の町では，地下に穴を掘って金銀を保有した。それを穴蔵銀とよび，大商家では普通のことであった。第31項目は利益の一定額を積み立て年取った手代や火災の罹災者にあてたり，神仏のために使う「相続銀」についての規定である。相続講という相互扶助組織を通じて用いられたらしい。

　宗竺遺書は三井家の家業と財産の「身上一致」共有財産制を原則にしたが，第31項目は将来起こり得る分割に備えた規定である。営業店を8つに分け，惣領家から順に希望の店を得ていくという方法である。第33項目も万一のとき，倹約令が出たときなどは惣領家以外は伊勢の国に退避せよという規定。第34項目は親戚の子供を採用することは，商売の方法を覚えられ後々のためにならないと諭している。ビジネスモデルの漏洩を気にかけている項目である。

⑥ 大元方の会議および内部監査の規定

　第35項目は大元方の毎月の有力者3人の会議についての規定である。別の史料で「御三人様」と呼ばれていたことがわかる。第36項目には月例の元方の寄合，取締役会を開催すべきことが規定されている。実際，1719年（享保4年）から6年間は月一回であったが，1725年頃からは一月に2，3回開催され

た（三井・山口〔1969〕258 頁）。議題も増加し，合議制が強化されたといわれ
ている。

第 37 項目は，内部監査に関する項目である。全文を引用する。

　　店店勘定目録之吟味是専要候，惣して目録は金銀出入商の利ばいをわけな
　らべ仕立候物故，其目録のしつを隠す時ハ，其訳難見得物候，只不断店店様
　子聞届買方売方金銀の送り等，万事之訳不存時は虚の目録成とも不鍛錬故，
　吟味之次第難成候，普段商売のはまり第一也，元締立会之上相改，目録上中
　下しるし致置，追而大勘定之節目録をならし，高下の沙汰可在之候，就中有
　物之吟味歩廻り之儀，能能気を付可申候

各店から提出される決算の監査が規定されている。店の様子を聞き，仕入れ
販売方法，金銀の輸送状況のチェックを規定する。「有物之吟味」は在庫調査，
「歩廻り」利回りの調査も行われた。普段の業務の質を高めるような試みのみ
ならず，このような内部監査が制度化されていたことは特筆に値する。三井の
ビジネスの業務の質を高めることにつながる。

⑦　商売の心得

第 39 項目　祖父の代より，大名貸し，「小判の持はた」すなわち相場取引，「鉗
丹商」すなわち投機取引は禁止されていたと述べる。また長崎からの渡来の織
物は非常に貴重で，高価で取引され利益率も高かったが，投機的な側面も持っ
ていたので注意して扱うように述べている。第 40 項目で子供のビジネス教育
について述べる。12，3 歳から京都店で諸事仕入れ方を習わせ，15 歳で江戸本
店へ，2,3 年後に京都か本店で帳面のつけ方を学び，20 歳で再び江戸へ，24,5
歳で再び京の本店戻す。第 41 項目で幕府の仕事は余情と考え，のめり込まな
いように説く。

第 46 項目で仏神を貴び，儒学に勤しむことは必要だが，出家，祢宜，儒者
になり商売に疎く，金銀を投げうつようになってはならない。仏神はその人の
心にあり，金銀を出して「いたつらに僧尼を肥や」すようなことがあってはな
らないとの教訓は，今でも関西の商人ならいいそうな口調である。

3. む す び
―三井大元方というファミリーオフィスの現代的意義―

　人生百年時代，年金制度を維持するには一生働く必要がある。かといって収益力の落ちた日本の企業の定年延長には限りがある。方策としてはある時点ですべての国民が営利・非営利を問わず起業する，企業家になるしかない。そんな時代が迫っている。起業するとしたらその基本形はファミリービジネスにならざるを得ない。一方で，すでにファミリービジネスを家業としているものには，ファミリービジネスの継続は容易ではない。

　ファミリーを持たぬものはいない。現在持っていなくともファミリーを作ることは可能である。ファミリーは社会の最も基礎的な集団であり，非常に強い本能的な結束力を持つ。しかし現代はファミリー混迷の時代である。それは現代，世界的にも家族（ファミリー）の基本モデルが失われ確立されていないからである。曾祖父母の時代は，旧民法に裏打ちされた家父長的ファミリーモデルがあった。戦後，新民法の布告とともに核家族モデルが日本の高度経済成長を支えた。そこでは企業がファミリーの役割を代替し，家族と企業は共同体的な結束をもち，相互補完的な関係にあった。しかし現代はその関係は薄れ，法的にも雇用の解消は容易となり，人々は各自のライフサイクルの中で，ファミリービジネスをどのような形で行うか，対峙せねばならぬ状況にある。

　筆者も本章を執筆する過程で，三井家の家法を読み解きながら，非常に多くの思いに襲われた。ファミリーが結束した場合の強みは3つないしは4つあると思う。それは資金，ネットワーク，文化・伝統，そしてそれらをつなぐ結束力である。3つないしは4つといったのは，前の3つはファミリーの資源であり，最後の結束力はこれらをまとめる力である。三井の場合，創業者高利が確立したビジネスモデルは大きな財産を生み，しかもそのビジネスモデルは大坂・京都と江戸の各店の有機的な結びつきを必要とした。分離して相続することは不可能であった。そのため9家の家族による家産共有制を取らざるを得なかった。その9家族の家産と結束を守るために家法が制定される。三井の大元方という

ファミリーオフィスにはファミリーのマネジメントとビジネスのマネジメントの2つの機能があった。大元方はこの2機能を果たし，家憲はその内容を物語っている。

宗竺遺書という家憲ではまず，家族の範囲；同苗が規定される。家産の分散とそれに伴う統治の困難さを克服するためである。9家のそれぞれの次男達や娘たちは同苗に養子に行くか嫁ぐことが奨励されるが，他家に出る場合は持参金の規定もある。また，隠居後の年金，病気，普請，寡婦，働かないものへの処罰などライフサイクルの様々な問題への対処ルールも規定されている。これらは当時の慣習から見ても合理的なもので，ファミリーの結束と強化を図るものと言える。また，ビジネス倫理や心構えだけでなく，教育方法まで規定されている。また経営会計学的には，内部監査制度が制度化されていたことは特筆に値する。

それでは，現代ではどのような点に注意してファミリービジネス・オフィスを経営したらよいのだろうか。ファミリービジネスもビジネスの1つであるから。基本は一般の経営と同じである。相違点は非ファミリービジネスでは経営者間，あるいは有力株主間に意見の対立があっても，経営の経済合理性を貫徹することのほうが重要で，経営者間にコンフリクトが生まれても仕方がない場合がある。経営者間あるいは株主と和解できずとも，退出という方法が存在するからである。しかしファミリービジネスでは退出という方法をとることができない。ファミリービジネスで組織内に生じたコンフリクトを退出という方法で解決しようとすると，そもそもファミリービジネスでなくなるか，あるいはファミリーの結束が大幅に低下してしまうのである。

経営という普遍的な問題を除くと，ファミリービジネスで固有の問題のなかでは，事業承継とファミリーの教育を含めたビジネスへのかかわりかた，ファミリー間のコンフリクトの解決の3点が非常に大きな問題である。事業承継は各時代の法制度との関係が大きいので，この江戸の三井のケースは参考にしかならない。しかし，ファミリー教育とファミリー間のコンフリクトを生まないようにするルール作りと解決の方法は，現代の参考となる。事業承継のさいの最大の問題は「頑固おやじと馬鹿息子問題」と言われている。親から見れば，

息子は何を考えているかわからない馬鹿息子でないかと心配するし，子供から
みると親は旧弊にこだわる頑固おやじにしか見えない。この不十分な相互理解
が事業承継に大きな障害を生み出している。

　この解決には相互理解と尊重しかない。しかしその相互理解と尊重が一朝一
夕に行われることは難しい。時間をかけて醸成していく必要がある。海外やわ
が国でも，親子を同席させた事業承継セミナーが行われているが，実際は即効
性がなく，十分な成果が得られないことが多い。その対処策として，巻末に家
系図を配したファミリーブックの作成を提案したい。社史のファミリー版であ
る。20歳に成人となった暁にファミリーヒストリーブックを渡し，これまで
ファミリーがいかに苦労し，結束してここに至ったかを伝える必要がある。研
究者によっては20歳では遅い，5から7歳のときに家業の設立とその後の歴
史を絵本にしたファミリーブックを読み聞かせないと，素直に受け入れること
ができないという研究報告もある[5]。

【Review & Discussion】

　① ファミリービジネスのファミリーの範囲を決めるルールは，どのように
　　定めたらよいのか考えてみよう。
　② 事業承継のためのファミリービジネス教育の方法は，どのようにしたら
　　よいか考えてみよう。
　③ ファミリーオフィスには具体的にどのようなものがあるのか，自分では
　　どのようなものを作るか考えてみよう。

〈注〉
　1) ファミリービジネス白書企画編集委員会〔2018〕第1章，第2章など参考にされたい。
　2) 鬼頭〔2002〕は，西欧の奴隷制や植民地性に立脚した社会経済システムと異なった資
　　源の再利用，勤勉と優れた教育システムとしての江戸システムの意義を明らかにしてい
　　る。同書は江戸文明の優秀さを解くだけでなく，動物性蛋白とビタミン不足による寿命
　　の短さ，硬直した政治制度と身分制，財政赤字の拡大などの問題点を客観的に捉えてい
　　る。
　3) 三井家の江戸初期の歴史については，家伝記（享保7年11月）に拠っている。家伝
　　記は，三井事業史に収録されている。三井家の歴史については，以下のサイトも参考に
　　なる。《https://www.mitsuipr.com/history/edo/index.html》（2019年1月14日）。
　4) 日本銀行金融研究所貨幣博物館資料より《https://www.imes.boj.or.jp/cm/history/

234　第Ⅱ部　事　例　編

historyfaq/mod/1ryou.pdf》（2019 年 1 月 14 日）。
5）Prof. Andrea L. Santiago（Asian Institute of Management 教授）の講演《http://www.
meiji.ac.jp/mbs/information/Japan-Asia-family-business-forum-report.html》（2019
年 1 月 14 日）。

〈参考文献〉

（書籍）
賀川隆行〔1985〕『近世三井経営史の研究』吉川弘文館。
賀川隆行〔2012〕「三井家の同族組織」『近世江戸商業史の研究』大阪大学出版会。
鬼頭　宏〔2000〕『人口から読む日本の歴史』講談社, 2000
鬼頭　宏〔2002〕『文明としての江戸システム（日本の歴史)』講談社。
西川　登〔1992〕「三井家初期の複式決算志向会計報告と非複式決算会計報告」『商経論叢』
　27-2。
ファミリービジネス白書企画編集委員会〔2018〕『ファミリービジネス白書（2018 年版)』
　白桃書房。
三井文庫編〔1980〕『三井事業史本篇』（第一巻），日本経営史研究所。
三井礼子・山口栄蔵〔1969〕「「宗寿居士古遺言」と「宗竺遺書」」『三井文庫論叢』第 3 巻。
安岡重明〔1998〕『近世商家の経営理念・制度・雇用』晃洋書房。
（写真・絵画）
https://commons.wikimedia.org/wiki/File:A_sketch_of_the_Mitsui_shop_in_Suruga_
　street_in_Edo.jpg?uselang=ja（2019 年 5 月 13 日）。
https://commons.wikimedia.org/wiki/One_Hundred_Famous_Views_of_Edo#/media/
　File:100_views_edo_008.jpg（2019 年 5 月 13 日）。
https://commons.wikimedia.org/wiki/File:%E3%81%88%E3%81%A1%E3%81%94%E5%B1
　%8B%E5%BA%83%E5%91%8A%E3%83%81%E3%83%A9%E3%82%B7.JPG（2019 年
　5 月 13 日）。

（山口不二夫）

《編者紹介》

明治大学ビジネススクール（専門職大学院グローバル・ビジネス研究科）
平日夜間，土曜日等のフレキシブルな科目設定により，経営管理修士
（MBA）を養成する専門職大学院。校舎は神田御茶ノ水の明治大学駿
河台キャンパス内のアカデミーコモンにある。ファミリービジネス発
展のための経営者，後継者及びサポート人材，新規事業や第二創業を
含むスタートアップビジネス及びイノベーションを担う人材，アジア
を中心としたグローバルな視点を持つジェネラルマネージャー等のビ
ジネス・プロフェッショナル人材の養成をミッションに掲げている。
2018 年には，経営系大学・大学院の国際認証機関 FFMD から EPAS
認証を日本で初めて取得した。《https://www.meiji.ac.jp/mbs/》

2019年7月1日 初版発行	《検印省略》	
2024年8月1日 初版3刷発行	略称：ファミリー	

ファミリービジネス：MBA講座

編　者　©明治大学ビジネススクール

発行者　中　島　豊　彦

発行所　**同文舘出版株式会社**
東京都千代田区神田神保町1-41　〒101-0051
電話 営業 (03)3294-1801　編集 (03)3294-1803
振替 00100-8-42935　https://www.dobunkan.co.jp

Printed in Japan 2019　　　　印刷：萩原印刷
　　　　　　　　　　　　　　製本：萩原印刷

ISBN 978-4-495-39029-7

JCOPY《出版者著作権管理機構 委託出版物》
本書の無断複製は著作権法上での例外を除き禁じられています。複製され
る場合は，そのつど事前に，出版者著作権管理機構（電話 03-5244-5088，
FAX 03-5244-5089, e-mail: info@jcopy.or.jp）の許諾を得てください。